Entdecken und Verstehen 5

Geschichtsbuch für Sachsen

Herausgegeben von
Dr. Thomas Berger-von der Heide
Prof. Dr. Hans-Gert Oomen

Von den Anfängen der Geschichte bis zum antiken Griechenland

Herausgegeben von
Prof. Dr. Hans-Gert Oomen

Bearbeitet von
Dr. Thomas Berger-von der Heide
Heike Bruchertseifer
Hans-Jürgen Kaiser
Manfred Levy
Karl-Heinz Müller
Prof. Dr. Hans-Gert Oomen
Anja Ruhmann und
Josef Zißler

Cornelsen
Volk und Wissen Verlag

Verlagsredaktion: Petra Anders, Johannes Völker
Umschlaggestaltung: Katrin Nehm
Layoutkonzept: Simone Siegel
Technische Umsetzung: Mike Mielitz

http://www.cornelsen.de

http://www.vwv.de

1. Auflage
Druck 4 3 2 1 Jahr 07 06 05 04

Alle Drucke dieser Auflage sind inhaltlich unverändert und können im Unterricht nebeneinander verwendet werden.

Druck: CS-Druck CornelsenStürtz, Berlin

ISBN 3-464-64135-X

Bestellnummer 641350

Gedruckt auf säurefreiem Papier, umweltschonend hergestellt aus chlorfrei gebleichten Faserstoffen.

Liebe Schülerinnen und Schüler!

In diesem Schuljahr habt ihr nun auch Geschichte als eigenes Fach. Doch sicher habt ihr euch schon vorher in der Schule mit Geschichte beschäftigt: Ihr kennt vielleicht die Vergangenheit eurer Familie, die Geschichte eures Heimatraumes, Gebäude, Straßen und Menschen, die für die Geschichte eurer Region von Bedeutung sind.
In diesem Band geht es um:
- eine Einführung in das Fach Geschichte,
- das Leben und Überleben in der Vorgeschichte,
- eine erste Hochkultur am Beispiel von Ägypten und
- die Welt der Griechen.

Da wir auf unterschiedlichen Wegen die Geschichte unserer Vorfahren erkunden können, findet ihr in den Kapiteln viele Bilder, Karten und Grafiken. Auch die Texte sind unterschiedlich gestaltet. Die folgenden Erklärungen sollen euch dabei helfen, die unterschiedlichen Möglichkeiten, die euch das Buch bietet, zu erkennen:

Einführung in das Thema
Jedes Kapitel beginnt mit einer „Auftaktdoppelseite". Sie will euch neugierig auf das kommende Thema machen und zu Fragen anregen. Mit ihrer Hilfe könnt ihr auch zusammentragen, was ihr schon wisst.

Themendoppelseiten
Auf jeder Doppelseite berichten die Autoren in einem zusammenhängenden Text über die damaligen geschichtlichen Ereignisse. Die Überschrift auf dem oberen Seitenrand bezeichnet das Thema. Auf wichtige Begriffe, Namen und Daten wird mit einem Pfeil (►) hingewiesen.

Quellen
Manchmal lassen die Autoren die damals lebenden Menschen selbst zu Wort kommen, wenn ihre Texte aufbewahrt wurden. Diese Berichte nennen wir Quellen. Ihr erkennt sie an der Überschrift und an dem seitlichen Balken, der sie kennzeichnet. Auch die Abbildungen, Gemälde und Fotos sind historische Quellen, aus denen ihr wichtige Informationen entnehmen könnt.

Materialien
Texte von Geschichtsforschern, Berichte anderer Forscherinnen und Forscher und weitere Materialien sind mit der Überschrift „Materialien" und durch einen Balken markiert.

Die Randspalte
Jede Seite ist mit einer farbigen Randspalte versehen. Je nach Bedarf findet ihr hier:
- die Erklärung für schwierige Begriffe, die im Text mit einem Sternchen (*) versehen sind,
- wichtige Jahreszahlen und Ereignisse oder auch
- Zusatzinformationen zu den Themen, die auf der Seite behandelt werden.

Aufgaben
1 *In den Arbeitsaufgaben werdet ihr dazu angeleitet, aus den Texten und den Quellen Informationen zu entnehmen und einen Sachverhalt mit ihrer Hilfe zu besprechen.*

Zum Weiterlesen
Die Seiten „Zum Weiterlesen" enthalten Auszüge aus spannenden Jugendbüchern. Weitere Tipps für Bücher findet ihr im Anhang am Ende des Buches.

Methode
Die Seiten „Methode" leiten euch an, mit den Materialien in diesem Buch umzugehen. Sie helfen euch aber auch weiter gehende Informationen zu finden.

Werkstatt Geschichte
Auf den Seiten „Werkstatt Geschichte" findet ihr Vorschläge für eigene Nachforschungen, für Spiele, Rätsel, Werkstücke oder Basteleien.

Geschichte vor Ort
Was geschah in der Metallzeit im heutigen Gebiet von Sachsen? Inwieweit sich historische Ereignisse an Örtlichkeiten bei uns festmachen lassen, könnt ihr hier erkunden.

Zusammenfassung
Die Kapitel werden durch eine Zusammenfassung abgeschlossen, die noch einmal das Wichtigste des Themas enthält.

Das Register
Im Anhang findet ihr ein Register. Mit dem Stichwortverzeichnis könnt ihr schnell herausfinden, wo zum Beispiel etwas über den Pharao berichtet wird.
Wenn ihr Fragen habt oder eure Meinung zu diesem Buch sagen wollt, schreibt uns:
Cornelsen Verlag
Mecklenburgische Straße 53, 14197 Berlin

Inhaltsverzeichnis

Inhaltsverzeichnis

1. Alltägliche Begegnungen mit Geschichte

Sicher kennt ihr berühmte Sehenswürdigkeiten oder Baudenkmäler, die für die Geschichte von Bedeutung sind. Aber auch im Alltag begegnet uns Geschichte, z. B. bei unserem Weg zur Schule. Wenn ihr mit offenen Augen durch euren Heimatort geht, könnt ihr Gebäude, Brücken, Stadtmauern oder Straßen entdecken, die aus früheren Zeiten stammen. Wie haben die Menschen gelebt, die all dies erbaut haben? Was haben sie gedacht und gefühlt?
Unsere Spurensuche im Fach Geschichte beginnt mit dem ersten Auftreten der Menschen auf dem Planeten Erde. Sie reicht bis in unsere Gegenwart. Das ist ein gewaltiger Zeitraum von fast fünf Millionen Jahren. Doch für eine erste Begegnung mit der Geschichte müssen wir gar nicht so weit zurückgehen. Wir können gleich bei uns beginnen …

Blick in die Vergangenheit

1 **Erinnerungsstücke einer Familie.**

Die Beatles: *englische Beatband, die zwischen 1962 und 1970 sehr großen Erfolg bei Jugendlichen hatte. Die LP „Sgt. Pepper's lonely hearts club band" erschien 1967.*

Der Großvater berichtete:

M1 Der Wehrpass gehörte meinem Vater. Er wurde 1943 im Zweiten Weltkrieg ausgestellt. Als 45 Jahre alter Mann war mein Vater noch „bedingt kriegstauglich" und musste im „Landsturm" in der Heimat mitkämpfen. 1915 hatte er sich schon im Ersten Weltkrieg als Freiwilliger gemeldet. Er kämpfte in Frankreich und wurde 1917 mit dem Eisernen Kreuz* ausgezeichnet. Darauf war er immer sehr stolz. Uns Kindern hat Vater nur sehr wenig vom Krieg erzählt. Nur wenn Kameraden von früher zu Besuch kamen, wurde er ganz lebhaft. Meine Mutter mochte solche Unterhaltungen gar nicht und schickte meine Geschwister und mich immer hinaus.

Die Mutter erzählte:

M2 Das Foto wurde im September 1967 an meinem ersten Schultag aufgenommen. Ich ging in eine kleine Dorfschule, in der außer mir noch elf weitere Kinder die 1. Klasse besuchten. Deshalb wurden wir zusammen mit den Schülerinnen und Schülern der 2. Klasse in einem Klassenzimmer abwechselnd von unserer Lehrerin unterrichtet. Auch die 3. und 4. Klasse waren zusammen in einem Raum untergebracht. Ab und zu bin ich getadelt worden, weil ich dem Unterricht der 2. Klasse zugehört habe, anstatt meine Aufgaben zu machen. Diese Schule gibt es immer noch, aber heute lernen die Schulkinder in getrennten Klassen.

Eisernes Kreuz*: *Kriegsauszeichnung, vergeben für besondere Tapferkeit. Es wurde 1813/15 gestiftet.*

Fotos und Erinnerungsstücke erzählen

1 *Bringt zur nächsten Stunde von zu Hause ein Erinnerungsstück der Eltern oder Großeltern mit. Lasst euch erklären, warum die Erwachsenen diesen Gegenstand aufbewahrt haben.*
2 *Zeigt diese Gegenstände in der Klasse und erklärt ihre Bedeutung. Erzählt die Geschichten, die dazu gehören.*
3 *Findet heraus, aus welchen Ländern/Orten die Gegenstände kommen.*
4 *Schreibt die Fragen, die ihr zu den Erinnerungsstücken noch habt, auf ein Plakat.*
5 *Beschreibt die Abbildung 2 möglichst genau und überlegt, woran ihr erkennen könnt, dass das Bild schon recht alt ist.*
6 *Sucht nach Einzelheiten auf dem Bild, die etwas über das Leben der Menschen aussagen.*
7 *Vergleicht die Abbildungen 2 und 3 miteinander. Was haben die Fotos gemeinsam, was unterscheidet sie?*

Bei der Betrachtung der eigenen Lebensgeschichte beschäftigt ihr euch ganz von selbst mit eurer Familie. Und natürlich reicht die Geschichte der Familie viel weiter zurück, als ihr euch erinnern könnt. Jede Generation* hat ihre eigene Geschichte. Fragt eure Eltern, welche Ereignisse und Erlebnisse ihnen aus ihrer Kindheit in Erinnerung geblieben sind. Wenn die Großeltern noch leben und erreichbar sind, können sie ebenfalls von früheren Zeiten erzählen. Wie war es z. B., als sie selbst zur Schule gingen? Wie und wo haben sie gelebt? Womit haben sie gespielt? Wie wurden früher Familienfeste gefeiert? Gab es auch Geschenke? Vielleicht erinnern sich die Großeltern auch an Geschichten, die sie von ihren Eltern erzählt bekommen haben. Aber Vorsicht: Viele Ereignisse werden bei der mündlichen Weitergabe von Generation zu Generation immer mehr abgewandelt.
Auch Fotoalben, alte Schmalfilme, Urkunden und andere Dokumente lassen Vergangenheit lebendig werden. Je weiter ihr jedoch in der Familiengeschichte zurückgeht, desto schwieriger wird es, sichere Erkenntnisse zu erlangen. Ihr werdet dann nur noch wenige Aufzeichnungen, Bilder und Gegenstände finden, die sich über die Jahrzehnte, ja vielleicht sogar Jahrhunderte in eurer Familie erhalten haben.

Internettipp:
www.hinternet.de/kalender/index.php

www.bundesrepublik.tv/Lexika+&+Nachschlagewerke/Historischer+Kalender/

Generation*:
alle Menschen, die innerhalb eines bestimmten Zeitabschnitts leben. Eine Generation umfasst die Zeitspanne, bis Kinder wieder Kinder bekommen. Das sind ungefähr 25 Jahre.

2 **Familienfoto, 1915.**

3 **Familienfoto, 1998.**

Werkstatt Geschichte: Herstellung einer Zeitleiste

Lauter alte Bilder aus dem Fotoalbum

Sebastian hat auf dem Dachboden ein sehr altes Familienfoto gefunden. „Schaut mal, was da draufsteht: Foto Tischner – 1914. Das da muss meine Urgroßmutter als Baby gewesen sein. Wie komisch die da angezogen waren!"

Die anderen Kinder zeigen die Fotos aus ihrer Familie. Julia hält ein Bild hoch und sagt: „Das ist noch nicht so lange her. Hier bin ich in der Grundschule." Marco erklärt sein Foto: „Schaut mal, das ist mein Großvater, als er 1964 nach Deutschland gekommen ist. Damals ist er zum Arbeiten hergekommen." Nicole berichtet zum Foto, das sie mitgebracht hat: „Meine Oma hat mir oft erzählt, wie sie 1945 als kleines Kind aus Schlesien geflohen ist. Das ist schon sehr lange her. Meine Mutter war noch nicht geboren."

1 *Schaut die Bilder genau an und erzählt, wovon sie berichten.*

2 *Überlegt, was diese Bilder über das Leben der Menschen aussagen.*

Familiengeschichte wird sichtbar: die ▶ Zeitleiste

Wenn ihr zu Hause in Fotoalben blättert, wird die Geschichte eurer Familie wieder lebendig. Bei vielen Fotos werden euch Geschichten einfallen, die ihr selbst erlebt habt. Aber zu manchen Bildern können euch nur die Eltern oder Großeltern etwas erzählen.

Fotografien sind wichtige Bildquellen. Wenn ihr sie zeitlich ordnet, könnt ihr mit ihnen eure eigene Lebensgeschichte und die Geschichte eurer Familie darstellen.

Hier hat Nicole begonnen eine Zeitleiste mit ihrer Familiengeschichte herzustellen.

1 **Nicoles Zeitleiste.**

Werkstatt Geschichte: Herstellung einer Zeitleiste

Und so geht's …

1. Schritt:
Bilder und Fotos sammeln
- Sucht zu Hause Bilder aus eurer Familie.
- Lasst euch dazu von euren Eltern und Großeltern aus deren Leben erzählen.

2. Schritt: Material ordnen
- Sortiert ähnliche Bilder aus und macht Fotokopien von den ausgewählten Bildern.
- Schreibt zu jedem Bild auf, aus welchem Jahr es stammt.
- Berechnet, wie viele Jahre seitdem vergangen sind.

3. Schritt: Zeitleiste anlegen
- Nehmt eine Tapetenbahn und zeichnet darauf einen Zeitstrahl.
- Unterteilt den Zeitstrahl auf der Tapetenbahn in mindestens zehn gleiche Abschnitte.
- Schreibt von rechts nach links unter die Markierungen die Jahreszahlen 2000, 1990, 1980 …
- Markiert dann die Jahreszahl des jetzigen Jahres.

4. Schritt: Zeitleiste gestalten
- Legt euer Bildmaterial auf und probiert verschiedene Gestaltungsmöglichkeiten aus.
- Klebt die Bilder auf und beschriftet sie.

3 *Erkundigt euch, welche Ereignisse in den Orten, aus denen ihr und eure Familien kommen, besonders wichtig waren.*

4 *Fragt, wann diese Ereignisse stattgefunden haben. Tragt diese mit Zeitangaben in die Zeitleiste ein.*

5 *Fragt bei einer Zeitung eures Ortes nach, ob ihr dort Bilder zu diesen Ereignissen bekommen könnt. Klebt sie auf eure Zeitleiste mit auf.*

6 *Fragt auch nach einer Zeitung vom Tag eurer Geburt. Lest nach, was an diesem Tag weltweit geschah.*

7 *Im Internet gibt es so genannte historische Kalender, in denen ihr euer Geburtsjahr anklicken könnt.*

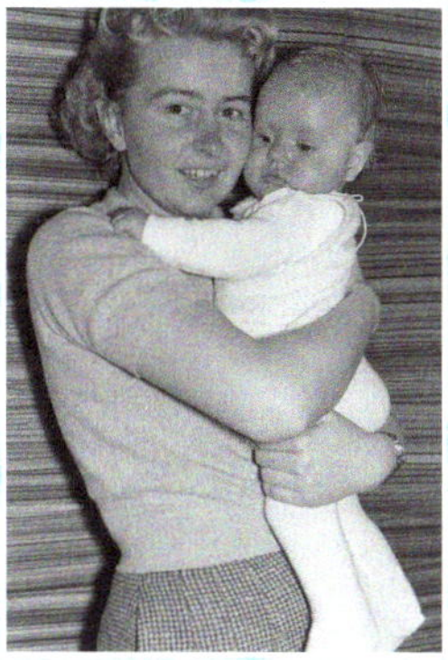

Veränderungen in der Zeit

Was zu Lebzeiten der Geschwister Anna und Karl Urban in Deutschland geschieht:

1914–18
Erster Weltkrieg

1919–33
Weimarer Republik

1933
Hitlers Machtübernahme

1939–45
Zweiter Weltkrieg

1949
Gründung zweier deutscher Staaten

1961
Bau der Berliner Mauer

1972
Olympiade in München

1989
Fall der Mauer

1990
Wiedervereinigung Deutschlands

Wie wir die Zeit erleben

Wie lang ist eine Stunde? Diese Frage könnt ihr beantworten. Natürlich 60 Minuten oder 3600 Sekunden oder $1/24$ eines Tages. Das ist klar. Aber stimmt das auch für euch persönlich? Vergleicht einmal die Stunde während einer Klassenarbeit mit der Stunde während eines Spiels.

1 *Überlegt euch Beispiele für eine „lange Stunde" und für eine „kurze Stunde".*

An einem Sonntag im Jahr 1999 feiert die Familie Urban den 70. Geburtstag des Großvaters Karl Urban. Seine Kinder Hermann, Helga und Martin, 47, 45 und 44 Jahre alt, sind gekommen. Auch die Enkel Klaus, 17, Anja, 15, und Lisa, 11, gratulieren. Sogar seine Schwester Anna, die schon 81 Jahre alt ist, ist aus München angereist. Beim Kaffeetrinken meint der Großvater: „Als wir vor 40 Jahren nach unserer Flucht aus Ostpreußen nach Sachsen gekommen waren, hatten wir zu fünft nur ein Zimmer als Wohnung." Danach erzählt er von den ersten Jahren der Urbans in Dresden.

2 *Wann sind die Mitglieder der Familie Urban geboren?*

3 *Für alle liegt das Jahr 1959 gleich weit zurück, aber alle denken unterschiedlich daran:*
- *Das ist schon lange her. Ich war erst 4.*
- *Das ist schon sehr lange her. Ich war noch nicht geboren.*
- *Das ist noch gar nicht so lange her. Ich war damals 41 Jahre alt.*

Wer mag das wohl gesagt haben? Was denken die anderen darüber?

Die Lebensuhr

Menschen gibt es nicht nur seit einigen 100 oder 1000 Jahren. Menschen gibt es seit mindestens 4 800 000 Jahren. Noch viel älter ist die Erde, ungefähr 5 Milliarden Jahre alt. Unter diesen Zahlen kann man sich eigentlich nichts vorstellen. Etwas leichter fällt uns dies, wenn wir diese Zeit in den 12 Stunden eines Zifferblattes darstellen:

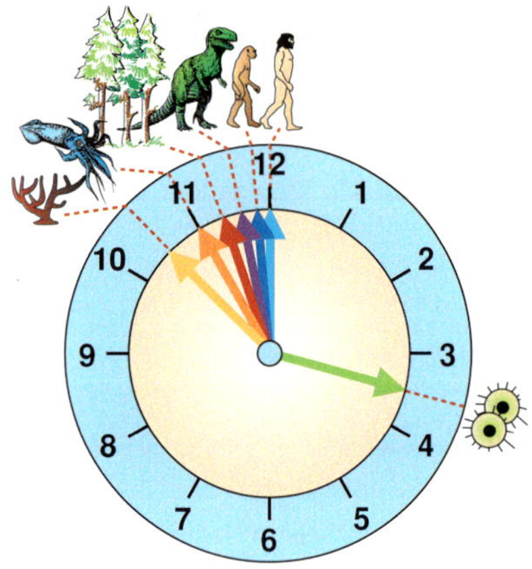

Um 0 Uhr entstand die Erde – vor 5 Milliarden Jahren.

3 Uhr 30:	Im Wasser regt sich das erste Leben – eine einzige Zelle, kleiner als ein Stecknadelkopf.
10 Uhr 34:	Im Wasser entstehen die ersten Algen.
11 Uhr:	Jetzt gibt es Korallen- und Tintenfische.
11 Uhr 15:	Große Wälder sind herangewachsen. Sie versinken später im Sumpf und werden zu Kohle.
11 Uhr 30:	Die ersten Säugetiere treten auf. Es ist dies die Zeit der mächtigen Saurier so wie des Urvogels.
11 Uhr 53:	Jetzt tauchen die ersten Menschenaffen auf.

Es war 11 Uhr, 59 Minuten und 50 Sekunden, 10 Sekunden vor 12 Uhr: Da lebten die ersten Menschen – Allein von diesen 10 Sekunden auf der großen Lebensuhr will dieses Buch berichten.

Veränderungen in der Zeit

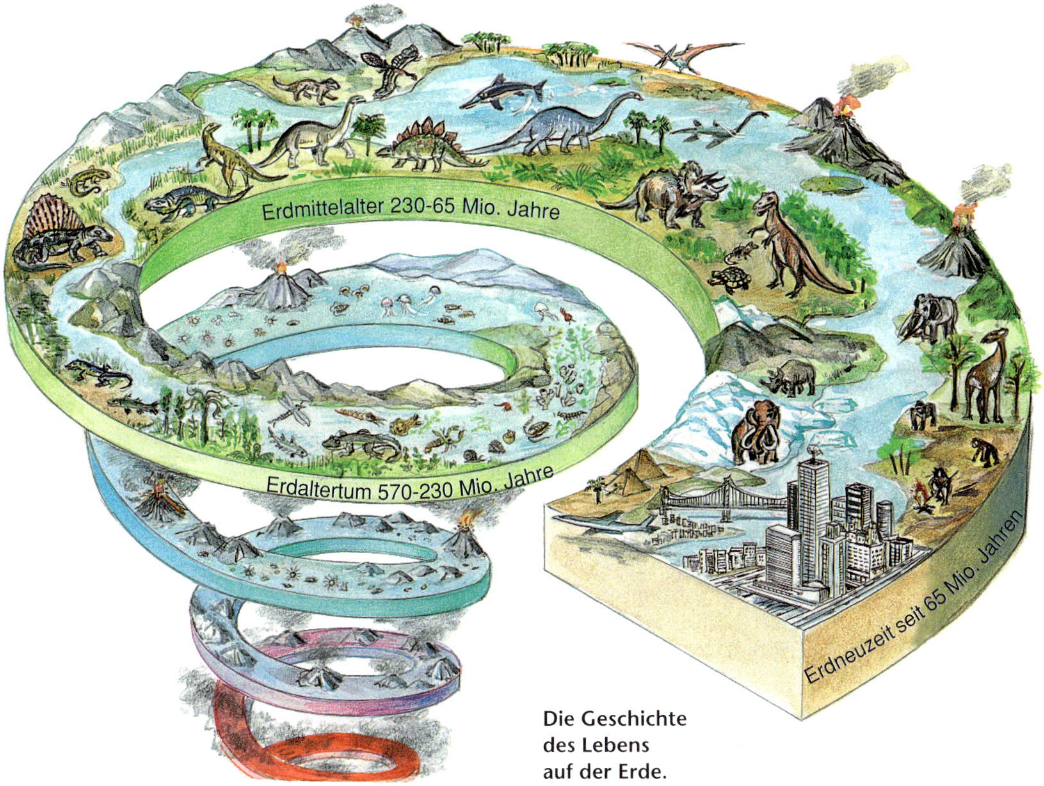

Die Geschichte des Lebens auf der Erde.

Unsere Zeitrechnung

Die Zeit kann auch durch eine Gerade veranschaulicht werden. Eine solche Darstellung seht ihr unten. Man nennt sie eine Zeitleiste. Ihr wisst, dass die Zeit in gleiche Abschnitte eingeteilt wird. Da gibt es kleine Einheiten: Sekunden, Minuten oder Stunden. Es gibt aber auch große: Jahre, Jahrzehnte, Jahrhunderte und Jahrtausende.

In der Zeitleiste dieses Buches lassen sich nur die großen Zeiteinheiten darstellen. Es stehen 2 cm für 1000 Jahre. Damit können wir aber nur 12 000 Jahre anschaulich abbilden. Die über 4 800 000 Jahre der Menschheitsentwicklung findet ihr durch ein Knäuel veranschaulicht. Wir hätten sonst für die Zeitleiste nach unserem Maßstab eine Länge von 9600 cm = 96 Meter nehmen müssen. Wir zählen die Jahre von Christi Geburt* an mit der Benennung „n. Chr." = nach Christus. Das sind die Zahlen, die auf der Leiste vom Geburtsjahr aus rechts stehen. Die Jahre vor der Geburt von Jesus Christus stehen links und werden mit der Benennung „v. Chr." = vor Christus gezählt. In diese Leiste könnt ihr jetzt die Zeitpunkte einordnen, die ihr aus der Geschichte kennt.

4 *Erklärt, welcher Zusammenhang zwischen dem Stern von „Bethlehem" (siehe Randspalte) und der Geburt Christi besteht.*

5 *Berechnet euer „richtiges" Geburtsjahr.*

Geburt von Jesus Christus*:
Der Abt Dionysius Exiguus legte im 6. Jahrhundert n. Chr. mithilfe von alten Texten das Geburtsjahr Jesu fest. Heute wissen wir, dass er sich dabei um sieben Jahre verrechnet hat. Der „Stern von Bethlehem" erschien bereits 7 v. Chr. am Himmel.

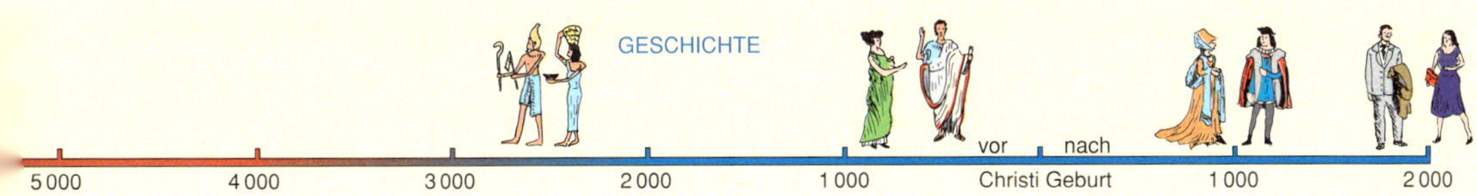

Zeitmessung: Epochen

1 **Olympische Spiele.** Vasenbild, 6. bis 4. Jahrhundert v. Chr.

Vorgeschichte und Geschichte

Aus der Zeitleiste (S. 12/13) könnt ihr ersehen, dass die Vergangenheit in Vorgeschichte und Geschichte unterteilt wird. Der Zeitraum der Geschichte umfasst etwa 4000 Jahre. Seit dem 16. Jahrhundert teilten ihn die meisten Geschichtsforscher in die Zeitperioden Altertum, Mittelalter und Neuzeit ein.

Diese Epochen haben aber keine festen Grenzen, die man an Jahreszahlen ablesen könnte. Die Übergänge von einer Epoche in die andere sind fließend.

So lässt man das Altertum um 3000 v. Chr. beginnen. Damals tauchten die ersten schriftlichen Überlieferungen (sumerische Keilschrift, ägyptische Hieroglyphen) auf. Die Geschichte des Altertums beschäftigt sich vor allem mit der Kultur und der Staatenwelt des Mittelmeerraums: mit den Ägyptern, Griechen und Römern.

Der Übergang vom Altertum zum Mittelalter dauert sehr lange. Er beginnt mit der Völkerwanderung (375 n. Chr.) und ist erst mit der Kaiserkrönung Karls des Großen (800) abgeschlossen. Das Mittelalter, die Zeit des Rittertums, der Kreuzzüge, der Stadtgründungen, der Machtkämpfe zwischen Kaiser und Päpsten, der Religionskriege usw., erstreckt sich über etwa 700 Jahre.

Die Erfindung des Buchdrucks (1445), die Entdeckung Amerikas (1492) und die Reformation (1517) leiten die Wende zur Neuzeit ein. Die Frühe Neuzeit umfasst also die Zeitspanne vom 15. bis zum Ende des 18. Jahrhunderts. Mit der Unabhängigkeitserklärung der Vereinigten Staaten von Amerika (1876), der Französischen Revolution (1789) und der Erfindung der Dampfmaschine (1769) beginnt die zweite Phase der Neuzeit, die Moderne, die bis zum Ende des Ersten Weltkriegs (1918) reicht. Alle weiteren Ereignisse des 20. Jahrhunderts werden als Neueste Geschichte bezeichnet.

1 *Ordnet alle euch bisher bekannten Geschichtsdaten den einzelnen Epochen zu.*

2 *Überlegt, welche Personen ihr kennt, die „Geschichte" geschrieben haben. Versucht sie den geschichtlichen Epochen zuzuordnen.*

2 **Ritterturnier.** Buchmalerei, um 1470.

3 **Die Feier der Wiedervereinigung Deutschlands vor dem Reichstag in Berlin am 3. Oktober 1990.**

Zeitmessung: Kalender

4 Zeitmessung möglicherweise damals ...

5 ... und heute.

Mondkalender*:
Ein Mondjahr dauert 354 Tage, 8 Stunden, 48 Minuten; ein Sonnenjahr 365 Tage, 5 Stunden, 48 Minuten.

Gregorianischer Kalender*:
Erst im 20. Jahrhundert hatten alle Länder diese Kalenderzählung übernommen. Viele Staaten hatten sie lange aus Glaubensgründen abgelehnt.

Andere Völker – andere Zeitrechnungen

Obwohl die Zeit heute weltweit von Christi Geburt an datiert wird, gibt es auch noch andere Formen der Zeitrechnung.

Im alten Ägypten wurden die Jahre nach der Regierungszeit der Könige gezählt, in Griechenland rechnete man in den Vierjahresrhythmen der Olympiaden. Für die Römer galt das Jahr der Gründung der Stadt Rom als Beginn der Zeitrechnung.

Im Judentum beginnt die Geschichte beispielsweise mit Jahwes Verheißung von Land und Nachkommenschaft an den Stammvater Abraham. Nach unserer Zeitrechnung geschieht das im Herbst 3760 v. Chr. Das Jahr 2000 entspricht nach jüdischer Zählung also dem Jahr 5760.

Die Moslems befinden sich dann im Jahr 1421. Ihre Jahreszählung beginnt im Jahr der Hedschra, der Flucht des Propheten Mohammed von Mekka nach Medina. Wir datieren dieses Ereignis auf den 16. Juli 622 n. Chr.

Christen, Juden und Muslime verwenden ihre Zeitrechnung heute noch bei der Bestimmung religiöser Festtage. Jedes Jahr werden sie nach dem Mondkalender* neu berechnet.

Die Kunst des Kalendermachens

Die ersten Aufzeichnungen, nach denen die Zeit in Tage oder Monate eingeteilt wird, sind schon vor etwa 30 000 Jahren entstanden. Sicher ist, dass die alten Ägypter und Babylonier ihre ▶ Kalender auf astronomische Beobachtungen zurückführten. Eine Art Kalender waren vermutlich auch die Steinkreise von Stonehenge in Südengland. Die Steine des zum Teil noch erhaltenen äußeren Kreises bildeten 29 1/2 Öffnungen, die den 29 1/2 Tagen zwischen zwei Vollmonden entsprachen.

Die Idee, einen Kalender nach dem Lauf der Gestirne Sonne und Mond aufzustellen, hatten also schon mehrere Völker. Allerdings ergab sich für alle das gleiche Problem: Ein astronomisches Jahr dauert genau 365,2422 Tage. Da man in der Praxis aber immer nur mit vollen 365 Tagen rechnen kann, rutschte das Neujahr im Kalender immer weiter nach vorne.

Unser Kalender geht auf Julius Caesar zurück. Er führte 46 v. Chr. den römischen Kalender mit 366 Tagen in jedem 4. Jahr ein. Folglich hatte das „julianische" Jahr 365,25 Tage, war also etwas zu lang. Auf diese Weise hatte sich im 16. Jahrhundert der Frühlingsanfang um zehn Tage vom 21. auf den 11. März verschoben. Um diese Ungenauigkeit zu beseitigen, reformierte Papst Gregor XIII. 1582 den Kalender. Nach dem gregorianischen Kalender* wird eine weitere Reform erst in etwa 2000 Jahren notwendig sein.

Julius Caesar

Papst Gregor XIII.

Geschichte lernen

1 **Friedrich August I., genannt „der Starke" (1670 bis 1733). Kurfürst von Sachsen.** Gemälde, vor 1728.

2 **Die Albrechtsburg mit Dom in Meißen (Sachsen).** Foto, um 1937.

Quellen*:
alle Zeugnisse und Überlieferungen aus der Vergangenheit. Wir unterscheiden drei Quellenarten: Sachquellen, Bildquellen und Schriftquellen.
Hinzu kommt die mündliche Überlieferung z. B. durch Zeitzeugen (Eltern, Großeltern ...).

Woher wissen wir, was früher war?

Unser Wissen über die Vergangenheit ist an Zeugnisse aus früherer Zeit gebunden. Diese Zeugnisse nennen wir Quellen*. Im wörtlichen Sinn verstehen wir unter einer Quelle eine Stelle im Boden, wo Wasser heraussprudelt, wo ein Bach oder Fluss entsteht. Im Fach Geschichte benutzen wir den Begriff im übertragenen Sinn. Wir meinen damit, dass aus Quellen Informationen über die Vergangenheit fließen.

Alle überlieferten Quellen, ob Gemälde, Schriften oder Gegenstände, müssen gedeutet werden. Dies gilt auch für die neue Art von Quellen, die erst in den beiden letzten Jahrhunderten entstanden sind: Fotos, Film- und Tondokumente, Videoaufnahmen. Voraussetzung für die Deutung der Quellen ist das Geschichtswissen, das die Forscher über die Zeit, aus der die einzelne Quelle stammt, bereits besitzen. Daher ist es durchaus denkbar, dass manche Überlieferungen in 50 Jahren anders bewertet werden als heute oder in früheren Jahren.

So gibt auch der Schulbuchtext nur die Kenntnisse wieder, die die Geschichtswissenschaft heute von der Vergangenheit erarbeitet hat: „Irrtum eingeschlossen".

3 **Eröffnung der ersten deutschen Eisenbahnstrecke Nürnberg–Fürth am 7. Dezember 1835.** Gemälde.

4 **Dresdner Schloss.** Ansicht vom „Wendelstein" im Inneren des Schlosshofes. Foto.

6 **Ausgrabungen am Dresdner Neumarkt.** Foto.

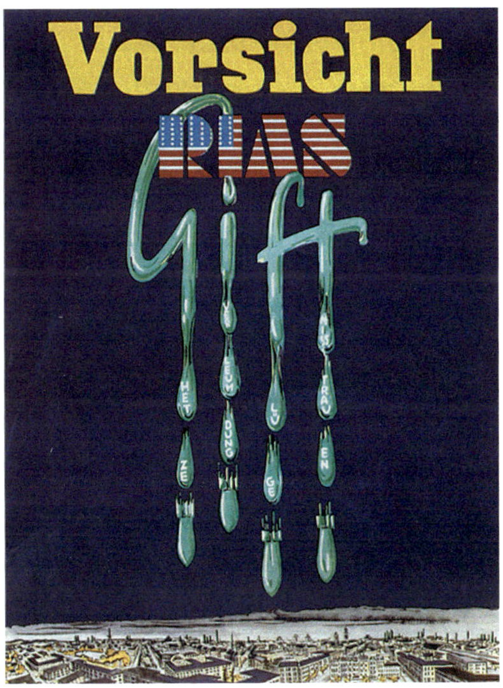

5 **DDR-Plakat um 1949 gegen den RIAS (Rundfunk im Amerikanischen Sektor).**

7 **Die letzten Modelle des Pkw „Trabant" bei Sachsenring Zwickau laufen vom Band.** Foto, 1990.

1 *Ordnet die Abbildungen 1 bis 7 folgenden Begriffen zu: Schriftquelle – Bildquelle – Sachquelle (siehe Randspalte).*

2 *Erkundet, wovon diese Quellen berichten.*

Zu den ***schriftlichen Quellen*** *zählen wir: Tagebücher, Inschriften, Verträge, Briefe, Urkunden …*

Zu den ***Sachquellen*** *gehören: Gefäße, Werkzeuge, Knochen, Baudenkmäler …*

Bildquellen *sind z. B.: Fotografien, Karten, Zeichnungen, Grafiken …*

► *Archäologen*: Wissenschaftler, die mithilfe von Ausgrabungen und Bodenfunden alte Kulturen erforschen. Vieles wird zufällig entdeckt, z. B. beim Straßenbau, und sorgsam ausgegraben.*

Archäologin

Grabungstechniker

Restauratorin

Zeichner

Sammlungsverwalterin

Geschichte erforschen und bewahren

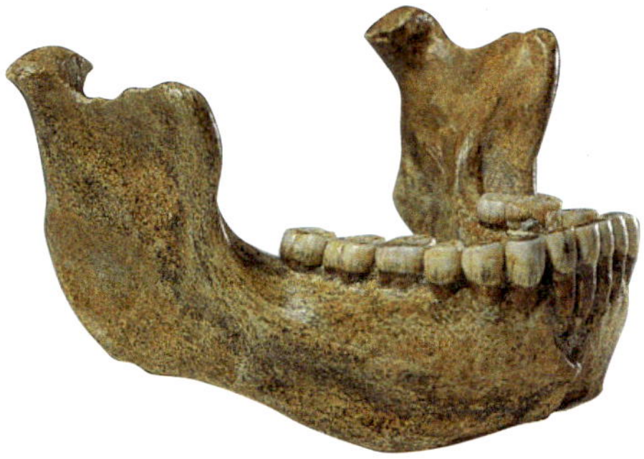

1 **„Heidelberger Unterkiefer".**
Alter: ca. 600 000 Jahre.

Der Heidelbergmensch

„Hait haww isch den Adam gefunne", verkündete am Abend des 7. Oktober 1907 der Sandgrubenarbeiter Daniel Hartmann in Mauer bei Heidelberg. Schon Jahre vorher hatte der Altertumsforscher Otto Schoetensack die Arbeiter in der Sandgrube immer wieder besucht und ihnen erklärt, dass die Knochen, die sie im Sand fanden, von längst ausgestorbenen Tieren stammten. Er bat sie, beim Graben genau aufzupassen und ihn jedes Mal zu benachrichtigen, wenn sie Knochen fanden.

Daniel Hartmann hatte einen menschlichen Unterkiefer gefunden, den Prof. Schoetensack untersuchte. Er fand heraus, dass der Unterkiefer von einem Menschen stammte, der vor etwa 600 000 Jahren gelebt hatte, dem „Heidelbergmenschen".

1 *Erläutert die Abbildung 1 und den Text.*

2 *Prüft, was das Bild allein aussagt.*

3 *Stellt eine Liste von Fragen auf, die beantwortet werden müssten, damit man den Unterkiefer des Heidelbergmenschen erklären könnte.*

4 *Überlegt, wer bei der Beantwortung der Fragen helfen kann.*

Die Arbeit der Archäologen

Funde aus der Vor- und Vorgeschichte bis in die Frühe Neuzeit sind das Forschungsgebiet der ► Archäologen*. Sie bearbeiten oberirdisch noch sichtbare und im Boden verborgene Kulturdenkmäler.

- Sie schützen Bodendenkmäler vor der Zerstörung. Dies ist eine der Hauptaufgaben.
- Sie suchen und sammeln Funde.
- Sie sichern Spuren aus der Vergangenheit.
- Sie vergleichen mit anderen Funden.
- Sie legen für ihre Funde eine zeitliche Ordnung fest.
- Sie ziehen Schlussfolgerungen.
- Sie versuchen zu rekonstruieren.

2 **Archäologen bei einer Ausgrabung.** Foto.

3 „Fund aus dem Jahr 4013". Kunstobjekt.

4 Das Landesmuseum für Vorgeschichte in Dresden. Foto, 2002.

Das 20. Jahrhundert wird „ausgegraben"
25. Mai 4013 – European Intersat Pressedienst
Sensationelle archäologische Funde aus dem 20. Jahrhundert geben Rätsel auf. Vorläufige Untersuchungsergebnisse:
Der runde Metallbehälter war ein damals weit verbreitetes Trinkgefäß, das ein zuckerhaltiges Getränk enthalten hat. Auf den Resten der Rotlackierung sind drei Buchstaben zu erkennen: „ola". Der beschädigte Buchstabe davor könnte ein L oder ein C gewesen sein. Die Bedeutung der Buchstabenkombination ist noch unbekannt.
Das schwarze, aus Gummi bestehende Reifenteil diente als federnde Verkleidung der Metallräder so genannter Autos. Das waren metallene Fahrkästen, in denen sich die Menschen fortbewegten.
Rätselhaft ist das grüne Flaschenbruchstück aus Synthetikmaterial. Das Gefäß enthielt eine Chemikalie, deren Verwendungszweck noch nicht zu erklären ist.
Der vierte Fund stellt einen mechanisch betriebenen Zeitmesser dar. Er wurde von einem komplizierten Räderwerk angetrieben und scheint nach bestimmter Voreinstellung Schrilltöne abgegeben zu haben.

5 *Vergleicht die Abbildung 3 und den Text.*

6 *Überlegt, welche Schwierigkeiten bei der Forschung im Jahr 4013 wohl zu überwinden waren.*

7 *Erklärt aus eurer Kenntnis die im Bericht nicht geklärten Fragen.*

Geschichtsschreibung heute
Alle Quellen, die über die Vergangenheit Aufschluss geben, werden in Archiven und Museen aufbewahrt. Geschichtswissenschaftler untersuchen diese „Zeugen" der Geschichte. Sie betrachten und prüfen Gegenstände, sie lesen Urkunden, Briefe, Dokumente und andere Schriften, sie werten Bilder, Fotografien, Filme und Tonquellen aus. Die Ergebnisse ihrer Forschungen machen die Historiker dann in Ausstellungen oder Büchern interessierten Menschen zugänglich.

8 *Erkundigt euch, welche Archive und Museen in der Nähe eures Heimatortes zu finden sind.*

9 *Befragt die Verwaltungsangestellten, die Rektorin oder den Rektor eurer Schule, was im Schularchiv aufbewahrt wird, und überlegt euch, wozu diese „Quellen" benötigt werden.*

10 *Schaut im Internet nach, welche Museen ihr virtuell besuchen könnt.*

Internettipp:
www.archsax.sachsen.de
(Landesmuseum für Vorgeschichte, Dresden)

Geschichte vor Ort: Unser Ort verändert sich

1 **Baustelle für die „Unterirdische Messhalle Markt".** Foto, 1924.

Orte ändern ihr Gesicht

1 *Vergleicht die Abbildungen 2 und 3 und stellt die Unterschiede in einer Liste zusammen.*

2 *Stellt Vermutungen über die Gründe für die Veränderungen an.*

3 *Überlegt, zu welcher Zeit ihr lieber dort gewohnt hättet. Begründet eure Meinung.*

Die Dörfer und die Städte in Sachsen haben im Verlauf ihrer Geschichte immer wieder ihr Gesicht verändert: Häuser wurden gebaut und wieder abgerissen, Märkte geschaffen und wieder aufgegeben, alte Grenzen wurden verändert, Straßen neu angelegt oder verbreitert. In jüngster Zeit entstanden in vielen Ortschaften Gewerbeparks oder Fußgängerzonen, neue Kaufhäuser oder Einkaufszentren, die das Ortsbild verändert haben.

Trotz dieser zahlreichen Neuerungen haben viele Orte Altes bewahrt, und wer mit offenen Augen durch seinen Heimatort geht, wird häufig auf Spuren der Vergangenheit stoßen: Burgen oder Schlösser, Fachwerk- oder Backsteinbauten, Stadtmauern, Denkmäler oder Friedhofssteine.

Manche Orte verfügen zudem über ein Heimat- oder Stadtmuseum, über Archive, Büchereien oder Fremdenverkehrsvereine, die weitere Zeugnisse und Informationen zur Ortsgeschichte bereithalten: historische Funde, Zeichnungen, Karten, Ortschroniken oder Prospekte zur Ortsgeschichte. So könnt ihr Einblicke in die Geschichte eurer Region gewinnen.

4 *Tragt zusammen, was ihr über die Geschichte eures Heimatortes wisst. Notiert auch, woher eure Informationen stammen.*

5 *Besorgt euch Informationsbroschüren und Bücher über die Geschichte eures Ortes. Stellt in der Klasse einen Ausstellungstisch auf, wo ihr alle Materialien sammeln und zeigen könnt, die mit der Geschichte eures Ortes zu tun haben.*

6 *Führt eine Exkursion zu einem nahe gelegenen Museum oder Denkmal durch.*

Geschichte vor Ort: Unser Ort verändert sich

2 / 3 Der Neumarkt in Leipzig. Fotos, um 1925 und von 2004.

Projektvorschläge zum Thema: „Die Geschichte unseres Ortes"

A Unser Ort früher und heute

- Vergleicht Stadtpläne aus verschiedenen Zeiten. Sucht nach Gründen für die Veränderungen und stellt das Wachstum eures Ortes in einer Karte dar.
- Sammelt ältere Abbildungen von Straßen und Plätzen (Ansichtskarten, Heimatbücher). Verdeutlicht an Beispielen, wie sich die Nutzung der Häuser, von Gebäuden, Straßen oder Plätzen verändert hat. Geeignete Beispiele könnten sein: der Marktplatz, die Einkaufsstraße, eure Wohnstraße.
- Sammelt Broschüren der Stadtverwaltung und Zeitungsartikel über Bauvorhaben an eurem Ort.
- Dokumentiert eure Ergebnisse auf einer Wandzeitung zum Thema: „Unsere Stadt baut!".

B Spielend durch die Heimatgeschichte/Geschichtsdetektive am Werk

- Entwerft ein spannendes Spiel, bei dem eure Mitschüler historische Sehenswürdigkeiten in eurem Heimatort aufsuchen und erkunden.

C Gebäude erzählen ihre Geschichte

- Fotografiert alte Häuser, Höfe, Fabriken, Kirchen, Denkmäler, Brücken. Notiert die Namen. Zeichnet Einzelheiten von alten Gebäuden ab: Inschriften, Türen, Gitter, Maschinen usw. Erkundigt euch auch nach dem Entstehungsjahr und erforscht ihre Geschichte.
- Gestaltet mit eurem Material Plakate für eine Ausstellung oder eine Broschüre.

2. Auf den Spuren der frühen Menschen

Wie unsere Vorfahren vor 10 000 oder gar vor 100 000 Jahren gelebt haben, wissen wir nicht genau. Es gibt weder Bilder noch Berichte über diese Frühzeit der Menschheit. Wissenschaftler sammeln und untersuchen seit 160 Jahren Skelettreste und Geräte unserer Vorfahren, die sich in der Erde erhalten haben. Mit ihrer Hilfe befragen sie die Vergangenheit: Wie haben die ersten Menschen ausgesehen? Wie haben sie zusammengelebt? Wovon haben sie sich ernährt? Gab es Erfindungen, die ihr Leben veränderten? Antworten auf diese Fragen findet ihr auf den nächsten Seiten. Zunächst könnt ihr herausfinden, wann die ersten Menschen entstanden sind …

Die Frühzeit des Menschen

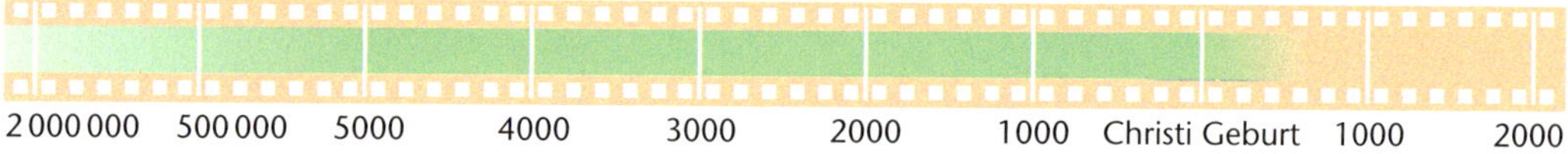

Anthropologen: Wissenschaftler, die sich mit der Entstehung und Entwicklung des Menschen beschäftigen*

Ältestes Skelett eines Australopithecus in Südafrika entdeckt:

M1 Einen Sensationsfund verkünden südafrikanische Anthropologen*. Sie haben in den Sterkfontein-Höhlen das bisher vollständigste Skelett eines Australopithecus africanus, eines Urahnen des modernen Menschen, entdeckt. Das Alter der Knochen gaben sie mit etwa 3,5 Millionen Jahren an. ... Besonders wichtig sei der gute Zustand beider Kiefer. Auch die Fußknochen, der Unterschenkel und ein Unterarm seien hervorragend erhalten. „Mit diesem Skelett können wir viele Spekulationen über den Australopithecus beenden", meint Professor Philip Tobias. Jetzt könne man sich ein genaues Bild vom Körperbau, der Fortbewegung und damit der Lebensweise ... machen. Man nimmt an, dass die Art schon aufrecht gehen konnte, aber vorwiegend in Bäumen lebte. Die Größe des „Little Foot" getauften Skeletts gaben die Wissenschaftler mit 1,20 Meter an.

1 *Beschreibt die Entdeckung der südafrikanischen Archäologen.*

2 *Erklärt, welche Bedeutung der Fund für die Anthropologen hat.*

Lesetipp:
Archäologie. Reihe „Sehen – Staunen – Wissen". Gerstenberg, Hildesheim

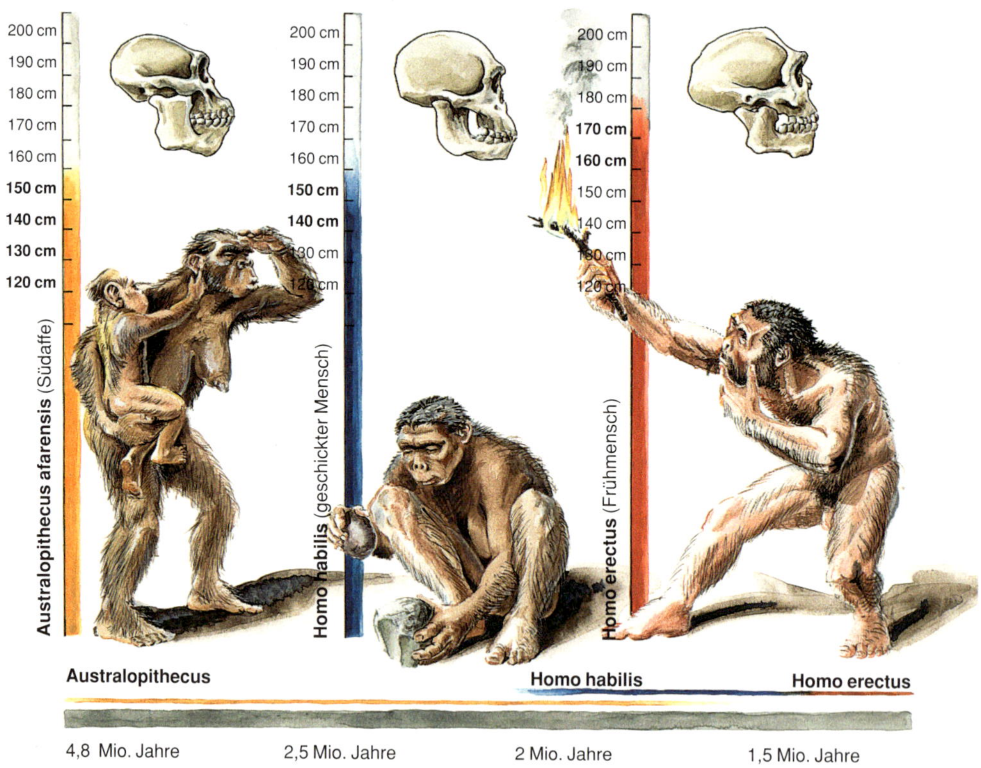

Vormensch – Australopithecus (Südaffe), 1,10–1,50 m, keine Werkzeugherstellung, Pflanzenkost, Afrika

Geschickter Mensch – Homo habilis, 1,45 m, einfache Werkzeuge, gemischte Kost, Ostafrika

Frühmensch – Homo erectus (der aufrecht gehende Mensch), 1,65 m, Faustkeilkultur, gemischte Kost, siedelte erstmals in Europa und Asien

Wie der Mensch zum Menschen wurde

Mit diesem Fossilienfund* gelang es den Wissenschaftlern, ein weiteres Geheimnis über die Entstehung des Menschen zu lüften.
Was wissen wir eigentlich darüber? Wir wissen, dass die Entwicklung des Menschen in Afrika begann. Vor etwa 20 Millionen Jahren lebten dort viele verschiedene Arten von Menschenaffen. Eine von ihnen ist wohl der gemeinsame Vorfahre aller heutigen Menschenaffen und Menschen. Für die Wissenschaftler ist der Australopithecus noch kein Mensch. Sein Kopf ist noch sehr affenähnlich, aber der „Little Foot" konnte schon auf zwei Beinen gehen. Es dauerte noch sehr lange, bis sich echte Menschen entwickelt haben.
Vor etwas mehr als zwei Millionen Jahren entstanden wiederum in Afrika die ersten Menschen. Ihr aufrechter Gang ermöglichte einen vielfältigen Gebrauch der Hände. Das Gehirn hatte sich wesentlich vergrößert und in seiner Form verändert. Wie die Archäologie nachweisen konnte, lernten die Menschen das Feuer zu beherrschen, stellten Werkzeuge aus Stein her und lebten in kleinen Gruppen.
Diese bereits „geschickten Menschen" stellen ein Bindeglied zum Homo erectus dar, der größer und noch geschickter als seine Vorgänger war. Die Frühmenschen lebten wahrscheinlich in Gemeinschaften und wanderten vor vielen Jahrtausenden aus Afrika nach Europa und Asien aus. Bei Heidelberg wurde 1907 der Unterkiefer eines solchen Frühmenschen gefunden, dessen Alter auf 600 000 Jahre geschätzt wird (vgl. S. 18). In den letzten Jahren wurde in Thüringen ein ganzer Lagerplatz der Frühmenschen ausgegraben (vgl. S. 27). Auch im Rheinland bei Koblenz sind Frühmenschenfunde gemacht worden.

Fossilien*: *versteinerte Überreste von Pflanzen und Tieren.*

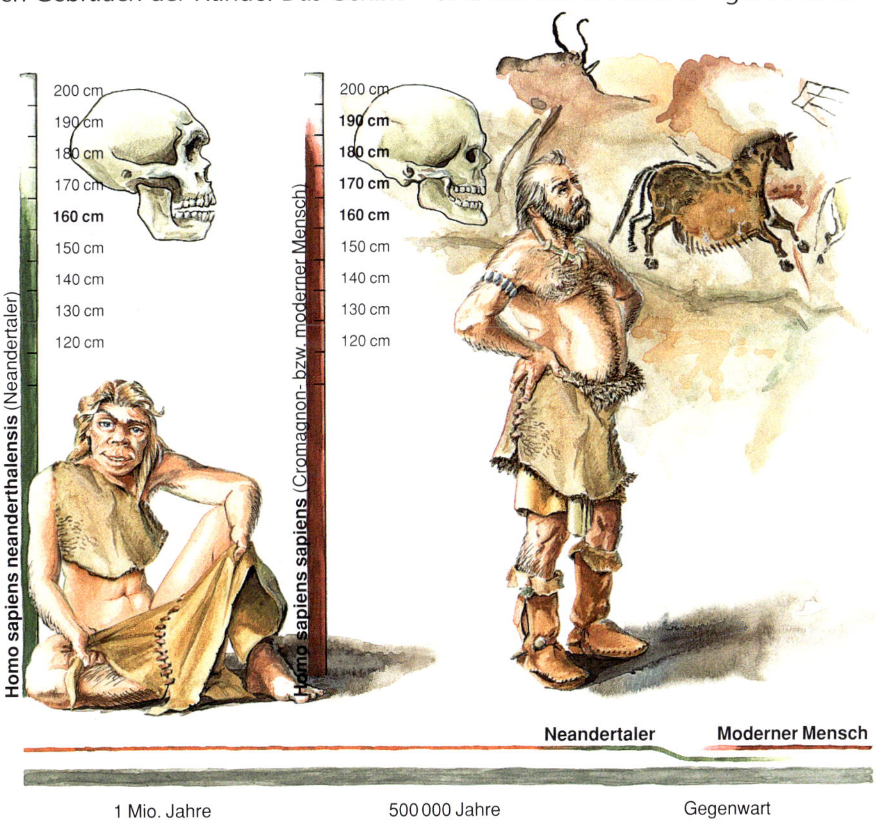

Neandertaler – Homo neanderthalensis, 1,60 m, vielfältige Werkzeuge, gemischte Kost, an die Kälte angepasst, in Europa ab 130 000 v. Chr., frühe Formen der Religion

Jetztzeitmensch – Cromagnon-Mensch, etwa vor 35 000 Jahren, 1,60–1,85 m, erfindungsreich, Schöpfer von Kunstwerken, weltweit verbreitet

Frühmenschen in Bilzingsleben

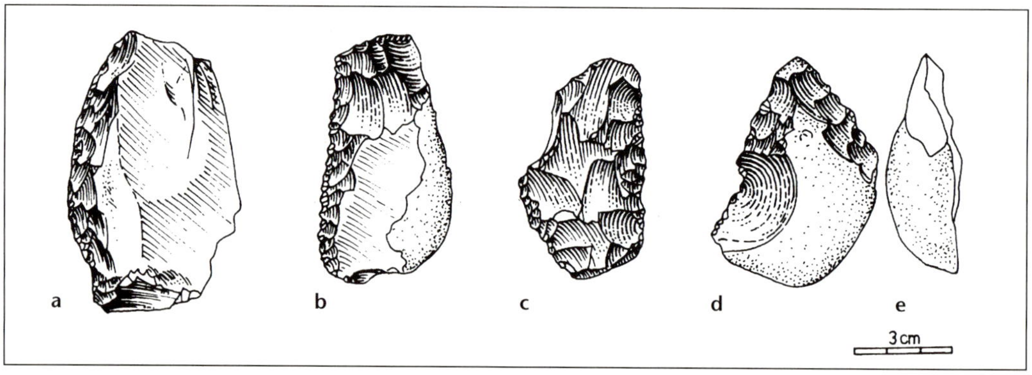

1 **Steingeräte aus Bilzingsleben.** Rekonstruktionszeichnung.

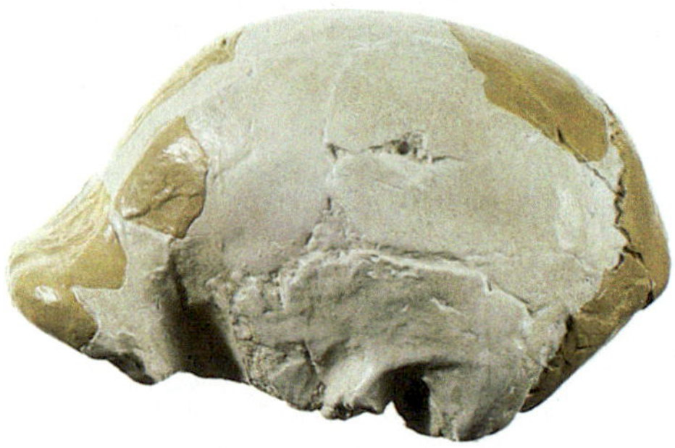

2 **Schädelreste eines Frühmenschen von Bilzingsleben.** Foto.

Archäologen machen eine Entdeckung

Bei Bilzingsleben im Kreis Artern im Nordosten Thüringens wurde 1969 ein Lagerplatz von Frühmenschen entdeckt. Am Ufer eines Sees wurden Schädelteile und Zähne von mindestens drei Frühmenschen gefunden.
Die Vorgeschichtsforscher (Archäologen*), die die Ausgrabungen vornahmen, kamen zu dem Ergebnis, dass die gefundenen Spuren 300 000 bis 350 000 Jahre alt sind.
Entdeckt wurden verschiedene Behausungen. Ein Hausgrundriss war kreisförmig mit einem Durchmesser von drei Metern, ein anderer etwas größer mit einer ovalen Form. Dabei handelte es sich wahrscheinlich um einfache zeltartige Hütten mit Stangengerüsten (siehe S. 31, Abb. 4). Außen waren diese Zelte mit großen Steinen und Knochen befestigt. Dort, wo der Gürtel von Steinen und Knochen unterbrochen war, mussten sich die Eingänge befunden haben.

▶ ***Archäologie*:*** *eine Wissenschaft, die mithilfe von Ausgrabungen und Bodenfunden alte Kulturen erforscht. Vieles wird zufällig entdeckt, z. B. beim Straßenbau, und von Archäologen sorgsam ausgegraben. Die Auswertung der Funde erfolgt zumeist im Labor.*

Die Arbeitsstätten der Frühmenschen

Die angehäuften Reste von Holzkohle und angekohlten Hölzern vor den Behausungen verrieten die Feuerstellen. Außer den Wohnungen und Feuerplätzen wurden auch zwei Arbeitsstätten entdeckt.
Die Wissenschaftler fanden heraus, dass zwei Arbeitsgeräte („Ambosse") benutzt worden waren. Ein Amboss bestand aus Muschelkalk, der andere aus einem Elefantenknochen. Ringsum liegende Abschläge waren auf die Bearbeitung von Knochen und Hölzern zurückzuführen. Auf den Ambossen waren die Spuren der Hiebe noch zu erkennen.
Der gesamte Fundort war ungeheuer ergiebig. 100 000 bearbeitete Steine aus Feuerstein wurden geborgen. Die Art der Bearbeitung war sehr vielfältig. Mit den vorgefundenen unterschiedlichen Stein- und Knochenwerkzeugen ließen sich verschiedenste Tätigkeiten ausführen.

1 *Erklärt, warum es so schwierig ist, Einzelheiten über das Leben der Frühmenschen zu erfahren.*

Frühmenschen in Bilzingsleben

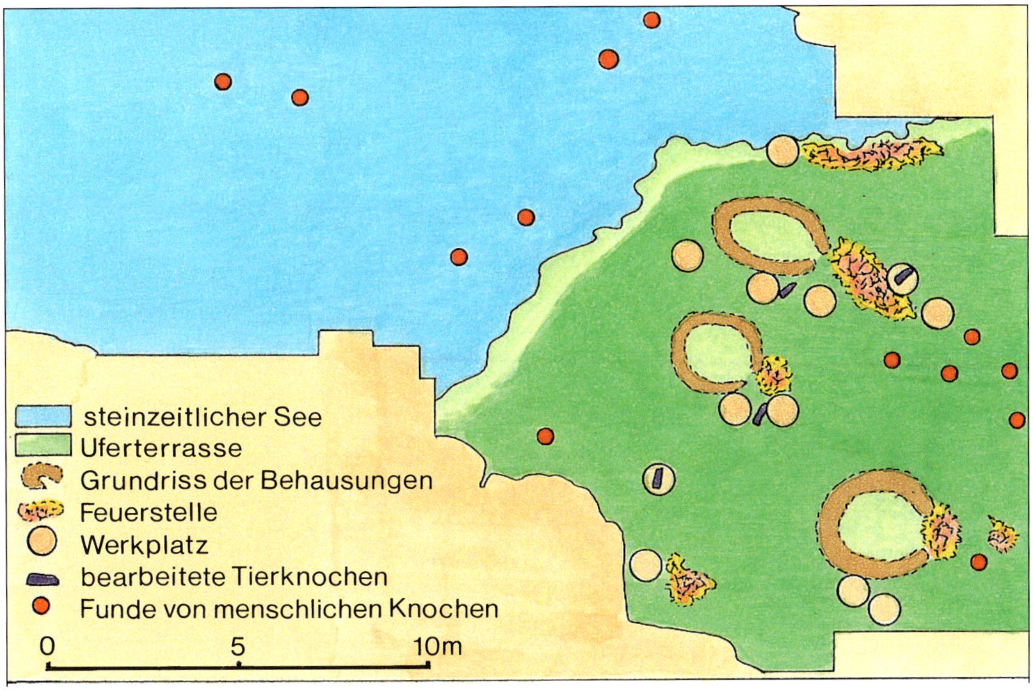

3 **Der Lagerplatz von Bilzingsleben.** Rekonstruktionsskizze nach den Funden der Forscher.

Markkleeberg
Vor 250 000 Jahren wurde die Gegend südlich von Leipzig häufig von Jägergruppen aufgesucht. Man fand altsteinzeitliche Werkzeuge. Sie sind die ältesten in Sachsen. In Thüringen und Sachsen-Anhalt gibt es bis zu 100 000 Jahre ältere Funde. Möglicherweise lebten damals Menschen auch im Gebiet des heutigen Sachsen, aber ihre Spuren wurden bis jetzt nicht gefunden.

Die Großwildjäger von Bilzingsleben

Die Frühmenschen von Bilzingsleben beherrschten also bereits sehr genaue Techniken zur Bearbeitung von Stein, Knochen, Geweih, Elfenbein und Holz. Anhand der Knochenfunde ließen sich auch die Tiere bestimmen, die gejagt wurden. Darunter waren auch Elefanten, Nashörner, Bären und Höhlenlöwen. Nashörner machten fast ein Viertel der Funde aus. Die Bilzingslebener waren also regelrechte Großwildjäger.

Wie es ihnen gelang, die zum Teil riesigen Tiere zu erlegen, wissen wir nicht. Sicher ist, dass sie dazu in Gruppen zusammenarbeiten mussten. Die Gruppe von Bilzingsleben umfasste wahrscheinlich 30–40 Personen. Sie ernährten sich aber nicht nur von dem Fleisch der verschiedenen Tiere, sondern auch von Pflanzen, die gesammelt wurden.

Der Lagerplatz

Die Frühmenschen von Bilzingsleben hatten sich für ihr Lager einen sehr günstigen Platz ausgesucht. Der See bot den Vorteil der Wassernähe. Sein Schilfgürtel umgab mehr als die Hälfte des Rastplatzes und schützte vor Raubtieren. Hinter dem Lagerplatz stieg ein Talhang auf. Von dem Hang aus hatte man eine freie Sicht auf die wildreiche Gegend.

Die Bedeutung des Klimas

Aus heutiger Sicht erstaunt uns das Vorkommen vieler Tierarten, die es gegenwärtig nur noch in Afrika gibt. Aber zur Zeit der Bilzingslebener war es viel wärmer als heute. Selbst im kältesten Monat lagen die Durchschnittstemperaturen gerade um den Gefrierpunkt. Milde Winter und warme Sommer bestimmten das Klima.

2 *Erklärt die Abbildung 3 mit eigenen Worten. Berücksichtigt dabei die wichtigsten Erkenntnisse der Forscher.*

3 *Überlegt, welche Bedeutung die Werkzeuge für die Bilzingslebener hatten.*

4 *Erklärt, warum die Bilzingslebener möglichst in einer Gruppe zusammenarbeiten mussten. Ihr könnt in einer Geschichte ausmalen, wie es bei einer Jagd zugegangen sein mag (vgl. S. 30, Abb. 1).*

Internettipp:
www.landesmuseum-fuer-vorgeschichte-halle.de

Vom Neandertaler zum Jetztzeitmenschen

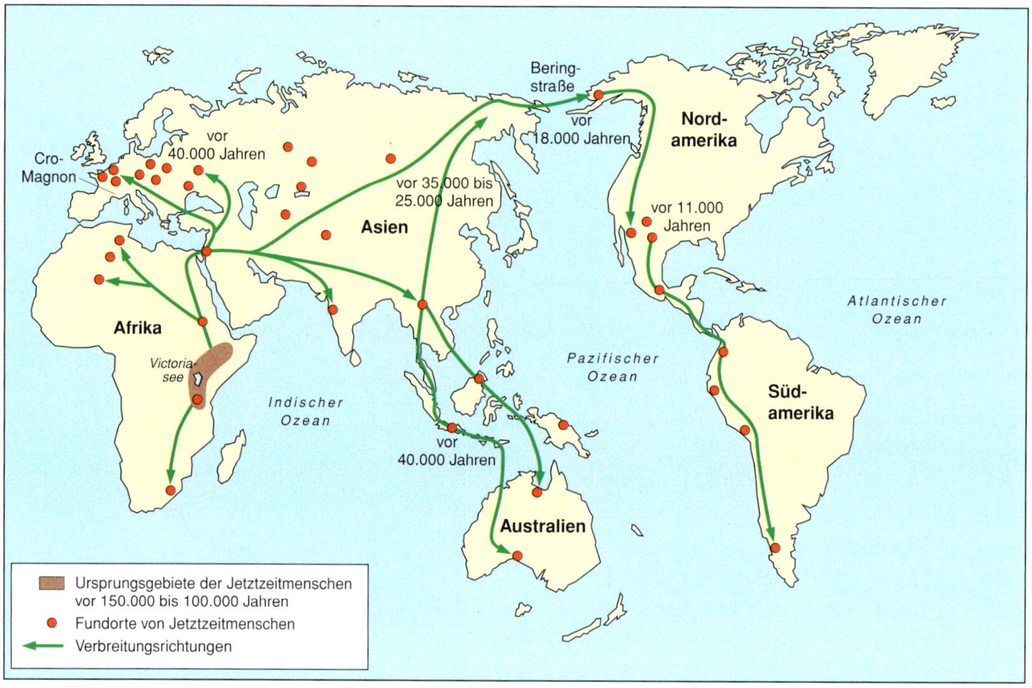

1 Fundstätten und Verbreitung des Jetztzeitmenschen.

Der Neandertaler

Die im August 1856 von Steinbrucharbeitern in einer Höhle im Neandertal bei Düsseldorf gefundenen Fossilien gehörten zu einem anderen Menschentyp, der nach seinem Fundort Homo sapiens neanderthalensis (Neandertaler) genannt wird. Er hat sich in seiner Lebensweise dem eiszeitlichen Klima angepasst. Die Neandertaler waren Sammler und Jäger sowie hervorragende Werkzeughersteller. Eine besondere Neuerung war die sorgsame Bestattung der Toten. Daraus kann man schließen, dass sie bereits an ein Weiterleben nach dem Tod glaubten.

Umstritten ist, ob der Neandertaler über eine voll ausgeprägte Sprache verfügte. Manche Anthropologen bescheinigen ihm eine grundsätzliche Sprachfähigkeit, doch sei diese kaum über die Sprechfertigkeit von Kleinkindern hinausgegangen. Da es keine Funde von diesen Menschen nach 35 000 v. Chr. mehr gibt, nimmt man an, dass sie um diese Zeit schon ausgestorben waren.

Der Jetztzeitmensch

Vor etwa 40 000 Jahren wanderten vermutlich Leute von der Art der Jetztzeitmenschen in Europa ein. Nach ihrem ersten Fundort in Frankreich wurden sie Cromagnon-Menschen genannt. Wie die Funde zeigen, waren diese Menschen geschickter als ihre Vorfahren. Sie entwickelten mit der Höhlenmalerei bereits die frühesten Formen der Kunst. Aber sie lebten noch vom Sammeln und Jagen.

Vor etwa 20 000 Jahren wanderten Jetztzeitmenschen von Asien über die Beringstraße nach Amerika.

1 *Betrachtet die verschiedenen Rekonstruktionen des Vor- und Frühmenschen (vgl. S. 24/25): Zählt auf, worin ihr die Vorteile des aufrechten Ganges seht.*

2 *Stellt auf der Karte 1 fest, wie sich der Jetztzeitmensch über die ganze Erde verbreitete.*

3 *Überlegt, warum für die frühen Menschen der Gebrauch des Feuers so wichtig war.*

4 *Erklärt, welchen Nutzen das Zusammenleben in Gruppen bot.*

*Bei **Rabutz** im Kreis Delitzsch wurden in einem ehemaligen See Werkzeuge von Menschen, Tierknochen und Pflanzenreste aus der Zeit vor 100 000 Jahren gefunden.*

Ein Neandertaler im Anzug?
1957 beschrieben zwei englische Forscher den Neandertaler als ein Wesen, das uns ähnlicher sei, als man bisher geglaubt hatte. Die Ergebnisse der heutigen Forschung gehen aber von einem so großen Unterschied besonders in den Erbanlagen aus, dass der Neandertaler nicht mehr zu unseren Vorfahren gerechnet werden kann.

Internettipp:
Auf der Homepage des Neandertal-Museums in Mettmann (www.neanderthal.de) findet ihr erste Informationen über dieses Museum.

Lebensbedingungen in der Eiszeit

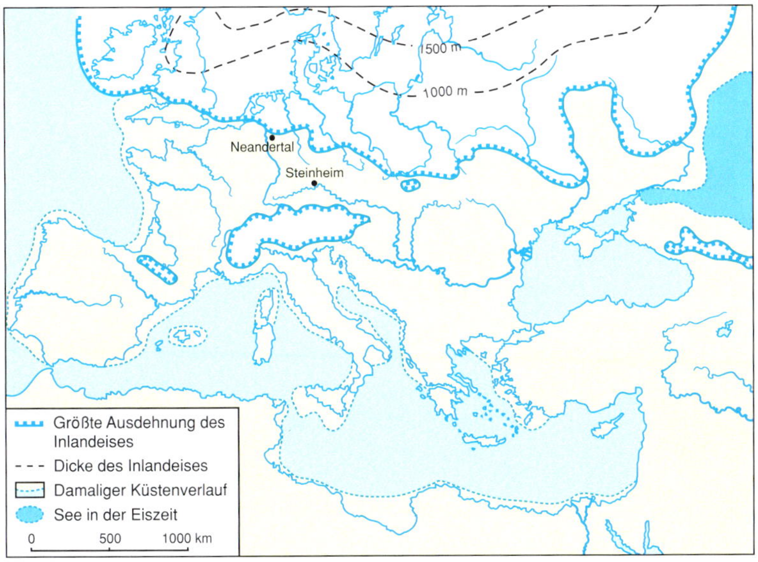

2 **Die Verbreitung des Eises in der Eiszeit.**

Eiszeiten

Das Klima in Europa war nicht immer gleich. Es veränderte sich mehrmals. Vier lang andauernde Eiszeiten* hat es in dem Zeitraum, in dem die Frühmenschen lebten, gegeben. Die letzten drei Eiszeiten werden in Norddeutschland nach Flüssen benannt: Elster-, Saale- und Weichsel-Eiszeit. Diese Bezeichnungen sind für Sachsen gültig. Über Jahrtausende lag die Durchschnittstemperatur im Juli bei + 5 °C und im Winter sank die Temperatur auf bis zu – 40 °C. Dicke Eisschichten bildeten sich in Nordeuropa und in den Alpen. Die Eismassen schoben sich als Gletscher immer weiter nach Mitteleuropa vor und bildeten eine Eisdecke von 100 bis 3000 m Dicke. Vor den Gletschern taute der Boden auch im Sommer kaum auf. Die Vegetation* veränderte sich. Die Wälder verschwanden; Steppen, Tundren und Moore entstanden.

Wie die Tundra* heute in Sibirien sah wohl ein großer Teil Mitteleuropas in der Eiszeit aus. Näher an den Gletscherrändern hörte der Baumwuchs auf. Flechten und Moose bedeckten den Boden. Die Tiere, die nicht an die Kälte gewöhnt waren, zogen fort oder starben aus. Andere, wie das Mammut, der Höhlenbär oder das Ren, breiteten sich aus. Zwischen den Eiszeiten gab es immer wieder lange Zeiten, in denen es wärmer wurde. Das Eis schmolz; Tiere und Pflanzen, die wärmeres Klima brauchten, kehrten zurück.

5 *Beschreibt nach der Karte 2 die Verbreitung des Eises.*

6 *Was könnt ihr über die Menschen und ihren Lebensraum herauslesen?*

7 *Benennt die Auswirkungen einer solchen „Eiszeit" auf Pflanzen, Tiere und Menschen.*

8 *Erläutert mithilfe des Textes die Grafik 3. Achtet auf die Zeiten.*

3 **Eiszeiten und Warmzeiten.**

Eiszeit*:
Durch das weltweite Absinken der Temperaturen kam es in verschiedenen Epochen der Erdgeschichte zu einer Ausdehnung der Gletscherbildung und des Inlandeises. Von Nordeuropa kommend, schoben sich die Eismassen immer weiter nach Mitteleuropa. Die Zeiträume zwischen den Eiszeiten nennt man Warmzeiten.

Exkursionstipp:
Naturkundemuseum Leipzig

Vegetation*:
Pflanzenwelt

Sibirische Tundra*:
baumlose Kältesteppe (Flechten, Moose) in den nördlichen Kaltzonen der Erde. In versumpften Gegenden herrschen große Stechfliegen- und Mückenplagen.

Lesetipp:
Atlas der Frühgeschichte. Von den Anfängen der Menschheit bis zur Antike. United Soft Media, München.

Leben in der Altsteinzeit

Exkursionstipp:
Landesmuseum für Vorgeschichte, Dresden

Altsteinzeit*:
Vor etwa 2 Millionen Jahren begann die Altsteinzeit. Sie endete mit der letzten Eiszeit um 8000 v. Chr. In dieser Zeit lebten die Menschen ausschließlich als ▶ Jäger und Sammler. Sie zogen in familienähnlichen Lebensgemeinschaften von etwa 20 bis 30 Personen umher. Ihre Geräte und Waffen stellten sie aus Steinen, Knochen und Holz her.

Nomaden* *(übersetzt: Hirten- oder Wandervölker): Völkerstämme, die keinen festen Wohnsitz haben und auf der Suche nach geeigneten Weideplätzen ständig umherziehen, wie z. B. heute die Tuareg in Nordafrika. In der Altsteinzeit zogen die Menschen hinter dem wandernden Wild her und suchten Gebiete auf, in denen es ausreichend pflanzliche Nahrung gab.*

Lesetipp:
Patricia Theissen/ Thomas Thiemeyer: Das große Buch der Steinzeit. Ravensburger, Ravensburg.

1 **Jagdszene am Ende der Altsteinzeit.** Rekonstruktionszeichnung.

Nahrungsbeschaffung

Das Leben der Menschen in der Altsteinzeit* war ein ständiger Kampf ums Überleben. Es war vor allem mit der Sorge um die tägliche Nahrung ausgefüllt. Eine große Rolle spielte dabei die Jagd.
Große Tiere, wie z. B. das Mammut, wurden mit Stoßlanzen und Wurfspeeren von hinten angegriffen. Fallgruben konnten nur angelegt werden, wenn der Boden nicht gefroren war. Bei der Treibjagd mussten viele Jäger zusammenwirken. Mit den einfachen Waffen aus Stein, Holz und Geweih war die Jagd sehr schwierig und gefährlich.
Die Jagdbeute wurde völlig verwertet, d. h., nicht nur das Fleisch, Fett, Innereien und Knochenmark, sondern auch die Felle, Sehnen, Knochen und Zähne fanden Verwendung. Von einem Rentier (etwa 50 kg Fleisch) konnte man ein paar Tage leben.
Ein Großteil der Nahrung wurde jedoch gesammelt. Das war vor allem Aufgabe der Frauen. Sie trugen Früchte, Beeren, Nüsse, Pilze oder Wurzeln zusammen, ebenso Kleintiere wie Larven, Maden, Schnecken und Muscheln. Auf ihren Sammelzügen fingen die Frauen auch Eidechsen, Frösche und Vögel.

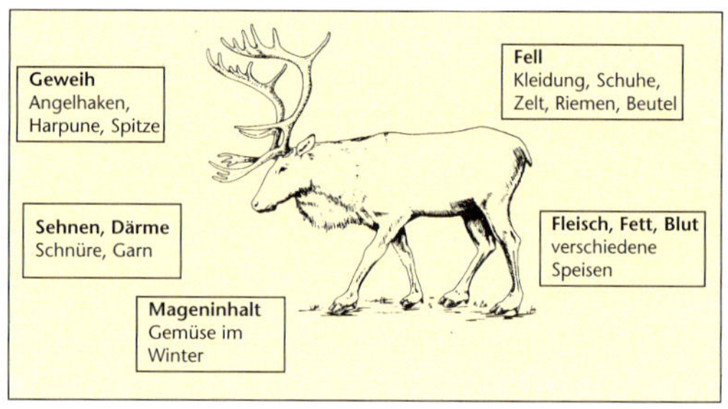

2 **Die Nutzung eines Rentiers.**

Vogeleier und Honig von Bienen waren sicherlich ebenfalls eine beliebte Speise.
Die ▶ Jäger und Sammler lebten in kleinen Gruppen von 25 bis 30 Menschen zusammen. Sie mussten dem wandernden Wild nachziehen und Gebiete aufsuchen, in denen es genügend pflanzliche Nahrung gab. Deshalb hatten sie auch keine festen Wohnorte, sie lebten als Nomaden*.

1 *Seht euch die Abbildung 1 an: Welches Tier wird gejagt, wie gehen die Jäger dabei vor? Welche Waffen benutzen sie? Wie kann die Jagdbeute verwertet werden?*

2 *Nennt Gründe, warum ihre Lebensweise den Bau fester Häuser nicht zuließ.*

Die Menschen als Jäger und Sammler

3 Lagerplatz steinzeitlicher Jäger. Rekonstruktionszeichnung.

Wohnen

Eines der wesentlichen Grundbedürfnisse der Menschen ist es wohl, ein sicheres „Dach über dem Kopf" zu haben. Für die weit umherziehenden Jägergemeinschaften war der Treffpunkt am Lagerfeuer wichtig. Hier konnten die Menschen miteinander reden, sich über ihre Erlebnisse austauschen und Erfahrungen weitergeben. Der Feuerplatz musste aber geschützt liegen und genügend Raum bieten. Die Vorstellung, dass alle Menschen in Höhlen gewohnt haben, ist falsch. Meist lebten sie unter freiem Himmel. Schutz boten Windschirme aus Zweigen und Schilf, Erdgruben mit einem Dach aus Reisig und Fellen, Rundhütten oder Zelte, deren Bahnen aus Leder und Fell zusammengenäht waren. Höhlen und Felsvorsprünge wie im Elbsandsteingebirge waren nur dann bevorzugte Wohnorte, wenn sie leicht zugänglich und in Flussnähe lagen. So hatten die Jäger einen freien Blick über das Tal, um die vorüberziehenden Herden beobachten zu können.

4 Steinzeitliches Zelt. Rekonstruktion.

Arbeitsteilung zwischen Mann und Frau

Im Laufe der Altsteinzeit hatte sich das Leben in Kleingruppen als die zweckmäßigste Form des Zusammenlebens herausgestellt. In diesen Gruppen entwickelte sich nach und nach eine gewisse Arbeitsteilung.

Die Arbeiten der Frau waren vielfältig. Sie war für die Erziehung der Kinder zuständig und hütete neben dem Nachwuchs auch das Feuer. Die Nahrungsbeschaffung nahm sehr viel Zeit in Anspruch. Alles, was die Frauen sammelten, bildete stets die Grundlage für das Überleben der Gemeinschaft. Die Zubereitung der Nahrung gehörte wohl ebenso zu ihren Aufgaben wie die Herstellung der Kleidung. Die dafür nötigen Geräte wie Nähnadeln oder Bohrer wurden vermutlich von den Frauen selbst hergestellt.

Die Jagd war zwar eine Sache der gesamten Gemeinschaft. Die Männer gingen aber vorwiegend auf die Jagd, beschafften Rohmaterial für die Geräte und versorgten das Lager mit Brennholz. Sie stellten die Jagdgeräte und größeren Werkzeuge her.

3 *Fasst zusammen, wie die Jäger- und Sammlergemeinschaft der Altsteinzeit lebte.*

4 *Beschreibt die Arbeitsteilung, die sich zwischen Männern und Frauen herausbildete.*

*Die **typische Jagdbeute** der Menschen in der Nacheiszeit:*

Hirsch

Elch

Ur

Braunbär

Wildschwein

Die Werkzeugherstellung

Werkzeuge:*
Die Menschen der Altsteinzeit stellten ihre Werkzeuge und Waffen aus Steinen, Knochen und Holz, aber auch aus den Hörnern und Zähnen ihrer Jagdbeute her. Ihr wichtigstes Gerät war zunächst der ▶ Faustkeil.
Im Laufe der Zeit entwickelten sich zahlreiche Werkzeuge mit Spezialformen für die unterschiedlichsten Aufgaben: Schaber, Messer, Bohrer, Kratzer …

***Feuerstein** war die wichtigste Gesteinsart für die Herstellung von Werkzeugen. Die zu Stein gewordene Kieselsäure findet man als Knollen eingeschlossen in Ablagerungen der Jura- und Kreidezeit. Das Innere einer Feuersteinknolle zeigt keine Kristallstruktur und ist deshalb in jede Richtung durch Schlag oder Druck spaltbar. Dabei entstehen messerscharfe Kanten.*

*Bei **Dresden-Plauen** hat man einen Rastplatz von Menschen aus der Zeit von vor 70 000 Jahren ausgegraben. Die Archäologen fanden Werkzeuge und zahlreiche Knochenreste von erbeuteten Tieren (u. a. Mammutknochen).*

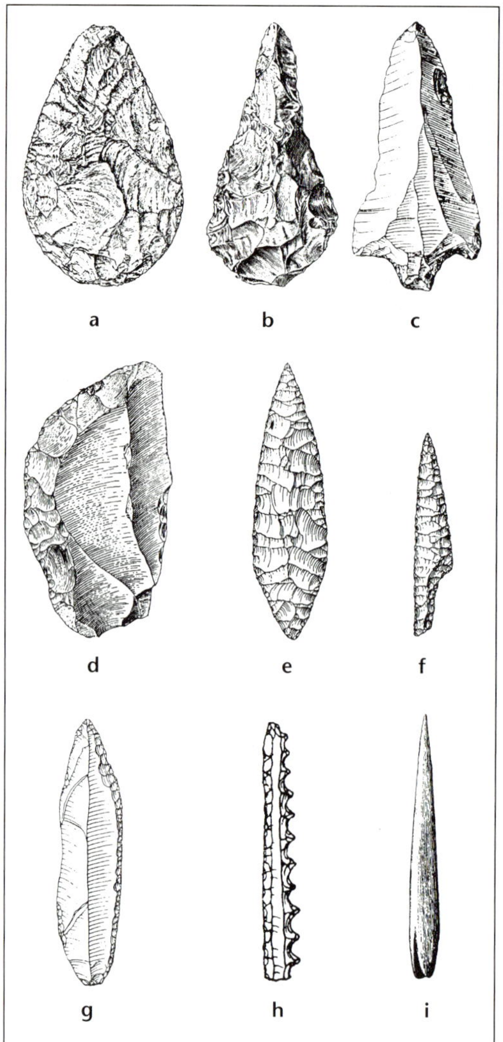

1 **Werkzeuge aus verschiedenen Schichten.**

Durch die Jagd bestritt der eiszeitliche Jäger einen Großteil seines Lebensunterhalts. Waffen und Werkzeuge* benötigte er nicht nur für das Jagen selbst, sondern auch für das Zerlegen der Beute, für die Bearbeitung der Felle und vieles mehr. Sein Hauptwerkstoff war Stein – das Material, dem die ▶ Steinzeit ihren Namen verdankt.

Der Archäologe F. Behn schrieb über die Entwicklung der Werkzeuge:

M1 … Die ersten Werkzeuge des Menschen waren seine Körperteile, voran Arme und Beine. Ihre Wirkung zu steigern … war das Ziel … frühester Erfindertätigkeit der Menschen. Die Reichweite des Armes konnte durch einen abgerissenen Ast, der Schlag der Faust durch einen aufgehobenen Stein verstärkt werden. Der nächste Schritt … bestand darin, dem Rohstoff eine Form zu geben, die ihn für bestimmte Handlungen geeigneter machen konnte. … Das wichtigste Gerät der ersten Zeit hat Mandelform, man hat es Faustkeil genannt. Es konnte für … alle Zwecke verwendet werden. Wir können seine Entwicklung an Tausenden von Exemplaren … verfolgen. … Der schwere ▶ Faustkeil wird ständig kleiner und endet als zierliche Handspitze. An die Stelle des allein verwendeten Werkzeugs tritt nun eine lange Reihe von Spezialformen: Schaber, Messer, Bohrer, Kratzer …

1 *Überlegt, welche Werkzeuge in der Abbildung 1 dargestellt sind. Woran lässt sich ihr unterschiedliches Alter erkennen?*
2 *Beschreibt die Herstellung eines Werkzeugs nach Abbildung 2.*

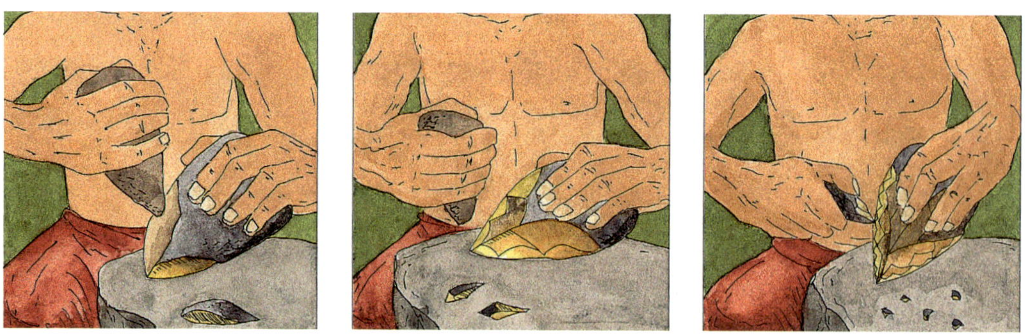

2 **Herstellung eines Werkzeugs.** Rekonstruktion.

Die ersten Künstler Europas

3 **Höhlenmalerei in Lascaux, Frankreich.**
Um 15 000 v. Chr. Foto.

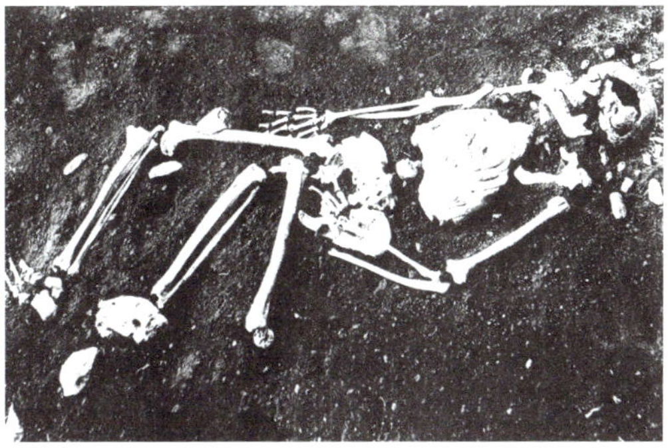

4 **Das Skelett des Homo aurignacensis Hauseri, geborgen in Combe Capelle am 11. September 1909 durch Prof. Dr. Hermann Klaatsch und Otto Hauser.**
Foto.

Felsmaler und Bildhauer

Künstler der Steinzeit haben die ersten Gemälde geschaffen: auf Wänden, in Höhlen oder an Felsflächen. Sie malten mit Erdfarben – aus roter, brauner, gelber Erde, angerührt mit Ruß, Pflanzen- und Beerensaft – Tiere ihrer Umgebung: Mammut, Nashorn, Bison, Wildpferd, Bär, Rentier usw. Aus Knochen oder Elfenbein schnitzten sie auch Tierfiguren.

Die bekanntesten ▶ Höhlenmalereien* sind in Lascaux, Niaux und Vallon-Pont-d'Arc in Frankreich sowie in Altamira in Spanien zu finden. Warum fertigten Menschen diese Kunstwerke an? In der Forschung gibt es verschiedene Meinungen. Einig ist man sich nur darin, dass die frühen Künstler keinen Wandschmuck für Höhlenwohnungen herstellen wollten. Manche Wissenschaftler meinen, dass es sich um Jagdzauber handle. Die gemalten Tiere sollten durch Zauberer und Schamanen* gebannt werden, um das Jagdglück zu beschwören. Andere sagen, diese Tiere seien als Schutzgeister oder sogar Götter angesehen worden. Die Bilderhöhlen seien Heiligtümer, in denen gebetet und geopfert worden sei. Die Höhlenmalereien lassen jedenfalls vermuten, dass die frühen Menschen über die Tiere und die Natur, den Tod und die Gottheiten nachdachten.

Totenbestattung

Durch eine Reihe von Funden wissen wir, dass schon die Jäger und Sammler ihre Toten beerdigt haben.

Otto Hauser, ein Archäologe, berichtete:

M2 … Die Jäger und Sammlerinnen betteten die Toten in Gruben, oft in unmittelbarer Nähe ihrer eigenen Wohnstätte. Schmuck, Werkzeuge, Lebensmittel wurden mit ins Grab gegeben. Sie glaubten offensichtlich an ein Weiterleben nach dem Tod. Wie sie sich das Leben nach dem Tod vorstellten, wissen wir nicht.
Es ist anzunehmen, dass sich die Menschen gegenüber den Naturgewalten hilflos fühlten und Angst vor Blitz und Donner, Krankheit und Tod hatten. Sie werden sich gefragt haben, woher das alles kommt.
Beim Nachdenken über diese Fragen kamen die damaligen Menschen vermutlich auf den Gedanken, dass übernatürliche Kräfte, Götter und Geister ihr Leben beeinflussten. …

3 *Fasst zusammen, was ihr über die Grabstätten in der Altsteinzeit erfahren habt.*

4 *Malt wie die Menschen in der Steinzeit. Aus Ziegelsteinstückchen könnt ihr roten Staub herstellen. Mit Wasser und Tapetenkleister vermischt ergibt das eine brauchbare Farbe. Als „Felswand" eignet sich Packpapier oder Tapete, Saft aus Johannis- oder Heidelbeeren ergibt weitere Farbtöne.*

Faustkeil von Sprotta (Delitzsch).
Der Faustkeil wurde zufällig in einem Kiesabbau gefunden. Er ist ca. 22.000 Jahre alt. Dieses Werkzeug wurde von Neandertalern hergestellt. Es zeigt wie aufwendig und schön damals Feuersteinwerkzeuge hergestellt wurden.

*In **Groitzsch bei Eilenburg** gruben Forscher ein Lager von Wildpferdjägern vom Ende der letzten Eiszeit aus. Auf einer gefundenen Schieferplatte sind drei Wildpferdköpfe eingeritzt. Die Darstellung diente vermutlich als „Glücksbringer" für die Jagd.*

▶ Höhlenmalerei*:
Die frühen Menschen malten vor allem Jagdmotive an Höhlenwände. Wissenschaftler vermuten, dass dies vor allem aus religiösen Gründen geschah.

Schamane*:
Zauberpriester

Lesetipp:
Justin Denzel: Tao, der Höhlenmaler. dtv, München.

Werkstatt Geschichte: Steinzeithöhlen ...

Das große Unglück
Vor einigen Jahren fanden Arbeiter eines Steinbruchs eine geheime, verborgene Höhle. Als Forscher dann durch das Höhlenloch eintreten wollten, stellten sie fest, dass die Höhlendecke vor etwa 40 000 Jahren eingestürzt war. Vorsichtig räumten sie Steine, Schutt, Sand und Felsen beiseite. Dabei machten sie eine spannende Entdeckung: Die Höhlendecke hatte bei ihrem Einsturz eine ganze Steinzeitmenschengruppe unter sich begraben. Alle Überreste lagen noch genau so wie vor 40 000 Jahren kurz vor dem Einsturz da.

Der Fundbericht der Forscher
Hinter dem Höhleneingang fanden wir zwei fast vollständig erhaltene weibliche Skelette. Sie lagen ziemlich genau auf einem großen Tierfell, das man jedoch nur noch zum Teil erkennen konnte. In der unmittelbaren Nähe von ihnen lagen zwei große Faustkeile. ... Der Boden links vom Höhleneingang war über und über mit Knochen bedeckt. Sie gehörten offensichtlich alle zu einem Tier.
Zwischen ihnen steckte der Rest eines spitzen hölzernen Stockes. Gleich daneben lagen die Überreste eines weiteren männlichen Steinzeitmenschen.
An der rechten Höhlenwand fanden wir eine Vertiefung im Boden. In ihr lagen ein Stück gesäubertes Leder sowie Steine, die ganz schwarz vom Feuer waren. Neben dieser Grube lagen die Überreste von zwei weiblichen Skeletten. Eines dieser weiblichen Skelette gibt ein Rätsel auf. Denn es fanden sich dort vier Arme, vier Beine und zwei Köpfe. ...
Weiter hinten in der Höhle entdeckten wir dann noch einen ganzen Haufen von Feuersteinen und Feuersteinabschlägen. Daneben lagen zwei weitere Skelette. ...
An der linken Höhlenwand konnten wir die Reste einer Malerei entdecken. Sie stellte einen Elefanten dar. ...

Eure Aufgabe
Ihr seid Mitarbeiter der Archäologen. Sie haben euch beauftragt, ein Modell der Steinzeithöhle herzustellen. Geht dabei so vor:
1 *Besorgt euch einen Schuhkarton. Malt auf den Boden eures Schuhkartons das Ausgangsloch der Höhle.*
2 *Rekonstruiert aus dem Fundbericht, was in der Höhle unmittelbar vor ihrem Einsturz gewesen ist. Haltet euch dabei so genau wie möglich an den Fundbericht.*
3 *Wählt aus dem Arbeitsbogen rechts die notwendigen Figuren für eure Rekonstruktion aus. Aber: Achtung! Ihr braucht nicht alle Figuren. Manche Gegenstände aus der Höhle müsst ihr jedoch selbstständig zeichnen. Benutzt dafür die Abbildungen in eurem Geschichtsbuch als Hilfe.*

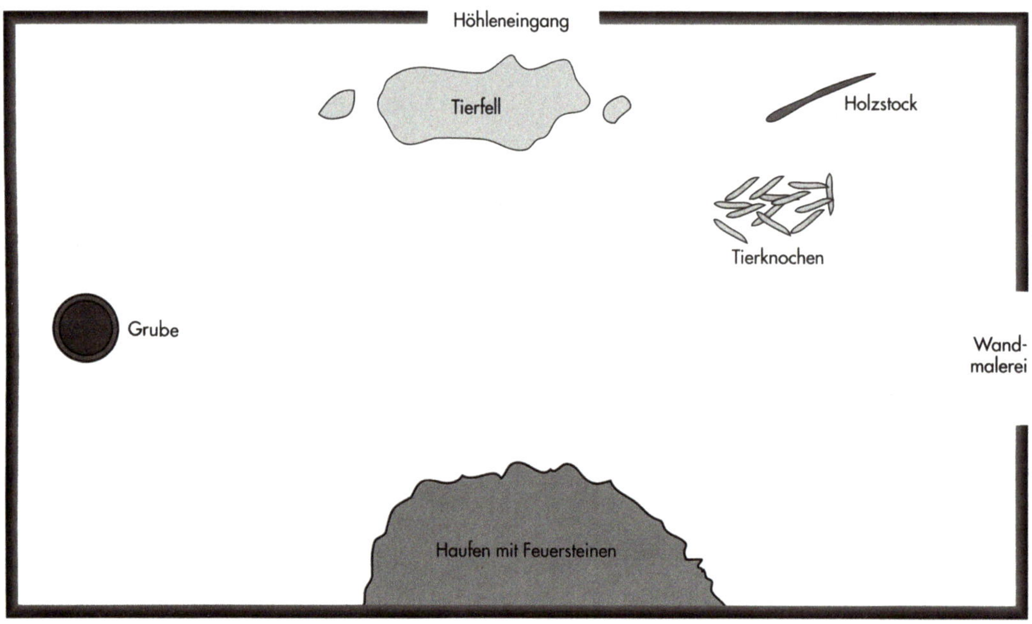

1 Der Grabungsplan ohne die Menschenskelette. Aufsicht von oben.

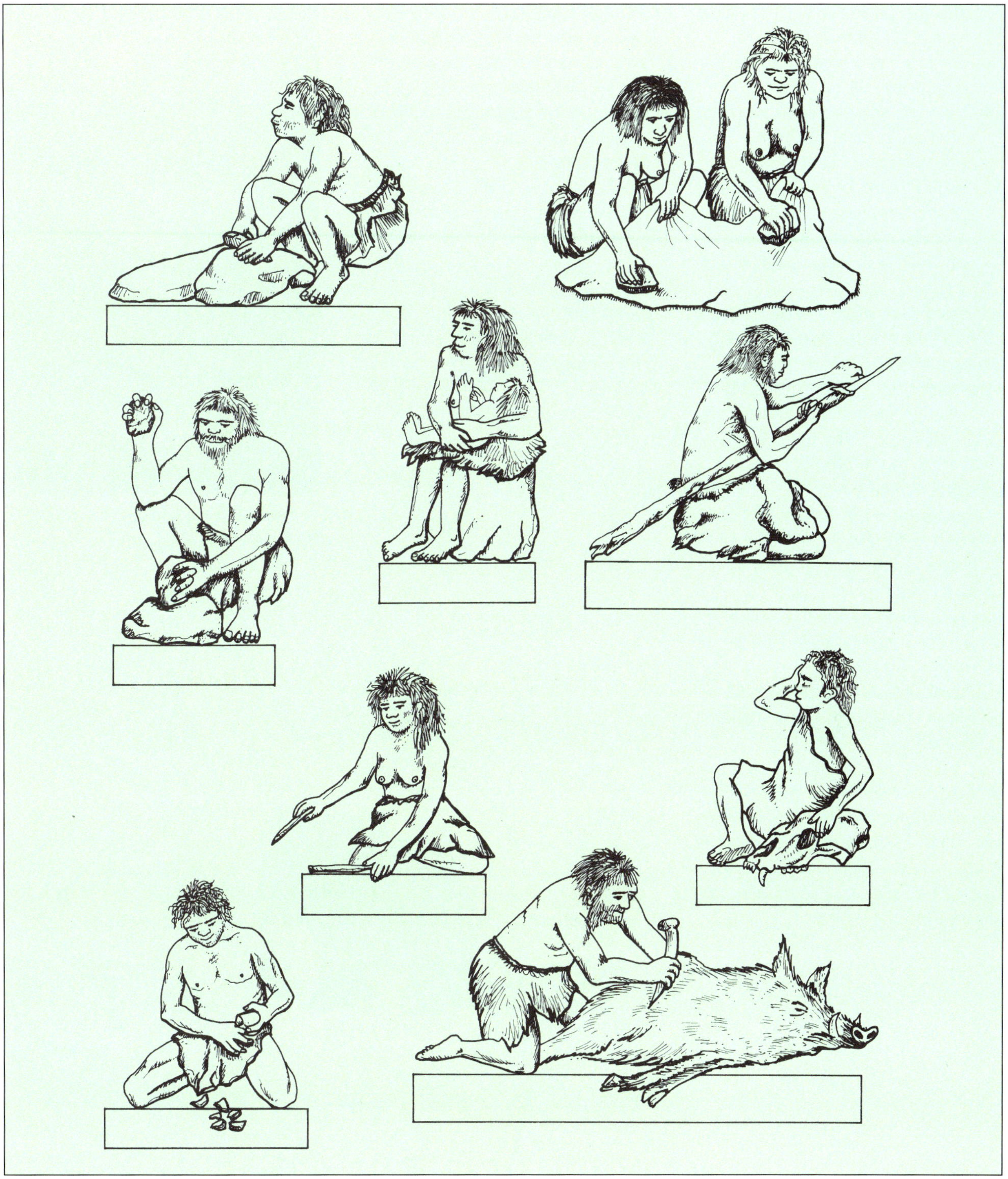

2 Arbeitsbogen: Figuren zum Kopieren.

Werkstatt Geschichte: Werkzeuge und Höhlenbilder

1. Ein Jäger braucht ein neues Werkzeug

Auf der Jagd ist ein Faustkeil verloren gegangen.
Ein neuer muss hergestellt werden.

- Sucht euch dazu geeignete Steine, am besten Feuersteine.
- Probiert, welche Steine sich am leichtesten bearbeiten lassen.
- Sammelt mehrere Steine von der Art, die sich gut bearbeiten lässt.
- Legt einen Stein von der passenden Größe auf einen festen Untergrund und versucht durch vorsichtige Schläge mit einem anderen Stein kleine Splitter abzuschlagen. Gebt so eurem Werkzeug eine handliche und spitze Form.
- Schärft nun die Spitze und die Kanten, indem ihr mit einem kleinen Stein Splitter vom Rand abschlagt.
- Prüft, ob man die abgeschlagenen Splitter als Werkzeuge benutzen kann.
- Sucht die heraus, die sich als Messerklingen oder als Schaber eignen.

Vielleicht findet ihr auch einen spitzen Splitter, mit dem ihr Löcher in ein Fell bohren könnt. Diese Bohrer brauchten die Jäger, wenn sie aus mehreren Fellen eine Zeltdecke zusammennähen wollten.

2. Nichts darf verloren gehen

- Wozu konnten die Steinzeitmenschen ihre Jagdbeute verwenden? Nahrung, Kleider, Fäden, Schnüre, Waffen, Schmuck, Geräte, Werkzeuge, Zeltdecken, Heizmaterial …
- Zeichnet die Grafik ab und tragt die Verwendungszwecke in eure Zeichnung ein.

Wenn man Steine gegeneinander schlägt, springen Splitter ab, die weit fliegen können. Deshalb müsst ihr bei der Bearbeitung der Steine eine Schutzbrille tragen!

1 Faustkeil aus Joldelund, Landkreis Nordfriesland. Foto.

2 Höhlenmalerei. Rekonstruktionszeichnung.

3. Höhlenbilder selbst gemacht
Die Maler der Steinzeit zeichneten mit Holzkohle geheime Zeichen oder die Umrisse wilder Tiere auf die Felswände. Dann trugen sie mit einem Stück Fell oder mit gebündelten Blättern Farbe aus zerriebenen Mineralien auf. Solche Felsmalereien könnt ihr auch selbst herstellen.

Das braucht ihr:
- farbige, pulvrige Materialien: z. B. Erde, Mehl, Sand, Tee- oder Kaffeesatz, Gewürze (Paprika, Curry ...), Sägemehl
- Tapetenkleister
- ein großes Einmachglas, möglichst verschließbar
- feste Pappen und Zeitungspapier
- Pinsel oder Löffel

So geht es:
1. Seht euch Höhlenmalereien aus der Steinzeit an. Motive findet ihr auf den Seiten 22/23 oder in einem Lexikon.
2. Rührt Tapetenkleister in dem Einmachglas an.
3. Vermischt euer Pulver mit dem Kleister.
4. Zerknüllt euer Zeitungspapier. Bestreicht es dann mit Kleister und klebt es auf die Pappe. Klebt das Papier so auf, dass kleine Berge und Täler entstehen (so wie die Oberfläche einer echten Felswand).
5. Jetzt könnt ihr euer Bild malen: Tiere, Landschaften, Geheimzeichen ...; die Farbe könnt ihr mit dem Finger, einem Löffel oder einem Pinsel auftragen.

Die Jungsteinzeit

Jungsteinzeit*: *In dieser Zeit (10 000 bis ca. 3000 v. Chr.) gingen die Menschen zum Ackerbau und zur Viehzucht über. Sie wurden sesshaft und lebten in Siedlungen.*

*In der **Harth bei Zwenkau** lag eine bedeutende jungsteinzeitliche Siedlung. Die Ausgrabung bewies, dass hier über etwa 1000 Jahre (4000 bis 3000 v. Chr.) Menschen siedelten.*

Vorderer Orient*: *Länder des östlichen Mittelmeerraums, z. B. Libanon, Syrien, Israel.*

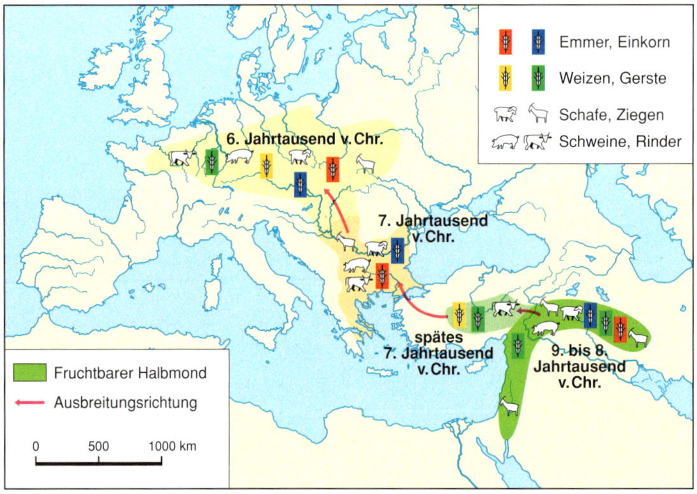

1 Die Ausbreitung der bäuerlichen Wirtschaftsform.

Die Menschen werden sesshaft

Vor etwa 12 000 Jahren endete die letzte Eiszeit. Im Vorderen Orient* kam es in dieser Zeit zu reichen Regenfällen. Gerste und Weizen, die hier schon lange wild wuchsen, breiteten sich dadurch weiter rasch aus. Bald gab es mehr Wildgetreide, als die Menschen während der kurzen Reifezeit verbrauchen konnten. So begannen sie die Getreidekörner in Erdgruben aufzubewahren. Mit diesen Vorräten konnten sie ihre Ernährung für mehrere Wochen oder Monate sichern. Sie mussten in dieser Zeit nicht mehr als Nomaden umherziehen, um Nahrung zu suchen.

Die ▶ Jungsteinzeit*: Aus Jägern werden Bauern und Viehzüchter

Bei der Aufbewahrung der Getreidekörner in den Erdgruben machten die Menschen vermutlich die Beobachtung, dass das Korn auskeimt und sich daraus neue Pflanzen entwickeln konnten. Von dieser Beobachtung bis zur planmäßigen Aussaat war es nur noch ein kleiner Schritt. Bald entdeckten sie, dass sie mehr ernteten, wenn sie den Boden auflockerten und den Samen von den größeren Ähren nahmen. So züchteten sie aus den Wildformen ertragreichere Getreidesorten. Dazu aber mussten sie sesshaft werden.
Da sie nun längere Zeit an einem Ort lebten, lohnte sich für sie auch der Hausbau. Dies geschah im Vorderen Orient um 10 000 v. Chr. Etwa in der gleichen Zeit lernten die Menschen in dieser Gegend auch Schafe und Ziegen, später Schweine und Rinder zu zähmen und zu züchten. So waren sie nicht mehr auf das Jagdglück angewiesen.

1 *Fasst mithilfe des Textes und der Karte 1 zusammen, wie die bäuerliche Lebensweise entstand und wie sie sich ausgebreitet hat.*

2 *Beschreibt Abbildung 2 und begründet die dort veranschaulichte Aussage.*

3 *Stellt Vermutungen darüber an, welche Auswirkungen die neue Wirtschaftsform für das Leben der Jäger und Sammler hatte.*

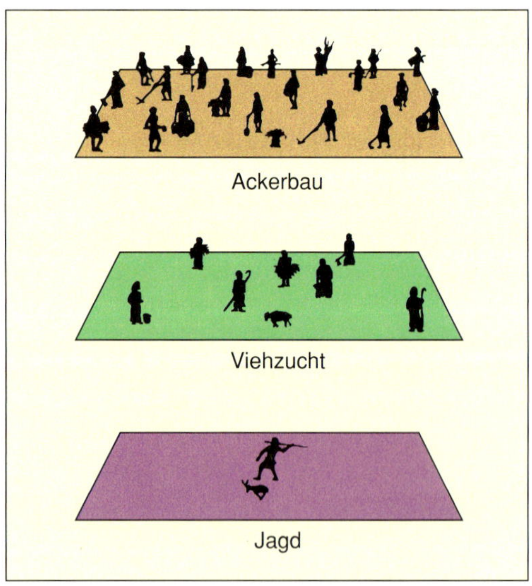

2 So viele Menschen konnten von einem Quadratkilometer Boden ernährt werden.

Jungsteinzeitliche Weizenarten: *Einkorn, Zwergweizen, Emmer, Saatweizen; zum Vergleich eine heutige Weizenähre.*

Die Ausbreitung einer neuen Lebensweise

3 In einem jungsteinzeitlichen Dorf. Rekonstruktionszeichnung.

Bandkeramiker

► Ackerbau und Viehzucht machten die Ernährung sicherer. Die Bevölkerungszahl wuchs. Bald reichte das fruchtbare Land nicht mehr aus. Ganze Gruppen von „Auswanderern" machten sich auf die Suche nach neuem geeignetem Land. Beliebte Zugwege waren die Flusstäler. Auf diese Weise verbreitete sich die bäuerliche Lebensweise vom Vorderen Orient aus in ein immer größer werdendes Gebiet.

Vor rund 7000 Jahren hat sich die Landwirtschaft auch in Mitteleuropa durchgesetzt. Die ersten Ackerbauern nennt man Bandkeramiker*. Sie brachten die neue Wirtschaftsform um etwa 5500 v. Chr. in das Gebiet des heutigen Sachsen.

Grundvoraussetzung bei der Wahl der neuen Siedlungsgebiete waren das Vorhandensein von Löss*, günstige Klimabedingungen und die Nähe von Wasser.

In unmittelbarer Nachbarschaft lebten aber häufig auch noch altsteinzeitliche Jäger- und Sammlergruppen; manche werden die „fortschrittliche" bäuerliche Wirtschaftsweise übernommen, andere sich dagegen zur Wehr gesetzt haben.

Reporter „Jungstein" möchte eine Reportage über das Leben der Menschen von damals schreiben. Nehmt seine Rolle ein.

4 *Überlegt euch entsprechende Fragen und notiert sie.*

5 *Schreibt mögliche Antworten der einzelnen Personen in Abbildung 3 auf. Denkt dabei an Hausbau, Feldanbau, Ernten, Aufbewahrung der Nahrungsmittel und Viehhaltung.*

6 *Sicherlich könnt ihr jetzt den Unterschied zur Lebensform der Altsteinzeitmenschen erklären. Legt eine Tabelle an.*

7 *Spielt eine Reportage und nehmt sie auf Video auf. Vielleicht könnt ihr euch die passenden Kostüme nähen. „Jungstein" kann natürlich seine Rolle „flippig" modern spielen.*

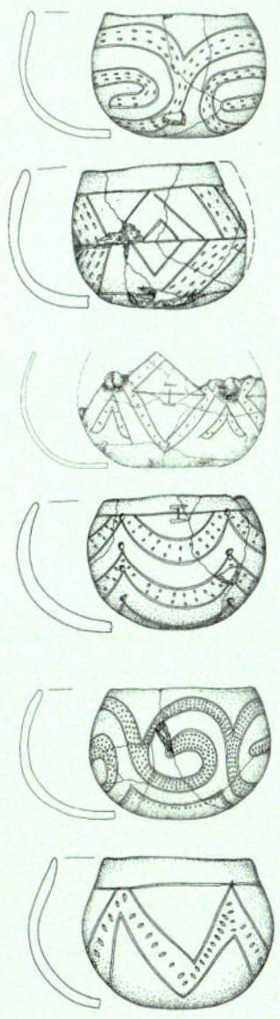

Mit Schmuckbändern verzierte Gefäße der Bandkeramik aus Dresden-Mockritz, ca. 5200 v. Chr.

Bandkeramiker*:
Die ersten Bauern in Mitteleuropa nennen wir aufgrund ihrer Muster auf Keramikgefäßen Bandkeramiker. Sie verzierten ihre Gefäße mit bandähnlichen Ornamenten und Wellenlinien.

Löss*:
sehr fruchtbarer, staubfeiner Sand, der in den Eiszeiten durch Wind abgelagert wurde

Lesetipp:

Wolfgang Kühn: Mit Jeans in die Steinzeit. dtv, München.

Gabriele Beyerlein/Herbert Lorenz: Die Sonne bleibt nicht stehen. Arena, Würzburg.

Leben in der Jungsteinzeit

1 **Bau eines Hauses in der Jungsteinzeit.** Rekonstruktionszeichnung.

Sippe*:
Gruppe von Menschen mit gemeinsamer Abstammung und starkem Zusammenhalt; oft unter der Führung eines Ältesten stehend

Um 4000 bis 3000 v. Chr.:
Südlich von Leipzig lebten Bauern in einer bedeutenden Siedlung der Bandkeramiker.
Ihre Häuser bestanden aus Baumstämmen, Flechtwerk und Lehm. Sie waren 6 m–10 m breit und bis zu 40 m lang.

Leben in einem jungsteinzeitlichen Dorf

Aussaat und Ernte zwangen die Menschen, sich in der Nähe ihrer Äcker aufzuhalten. So wurden sie sesshaft und lebten in Großfamilien und Sippen* in meist kleinen Dörfern zusammen. Diese lagen fast immer an einer Wasserstelle (Bäche). Sie waren manchmal von einem Erdwall, Zaun oder Graben umgeben.
Jede Familie bestellte ihre Äcker. Sie fertigte fast alle Geräte, die Werkzeuge und die Kleidung selbst. Die Frauen arbeiteten auch auf dem Feld mit, töpferten, spannen und webten, nähten die Kleidung. Sie rieben auf einem Mahlstein das Getreide zu Schrot und bereiteten das Essen zu.
Die Männer machten Boden urbar, bearbeiteten den Acker und bauten Häuser. Sie stellten Werkzeuge her, hüteten das Großvieh und gingen auf die Jagd.
In den Dörfern haben wohl mehrere Familien zusammengearbeitet. Wenn neue Äcker angelegt, ein neues Haus gebaut werden mussten, dann werden wohl alle gemeinsam geholfen haben.
In den Familien lebten und arbeiteten alle zusammen. Die Kinder begleiteten Vater oder Mutter und sahen ihnen bei der Arbeit zu, solange sie klein waren. Wurden sie größer, dann packten sie bei allen anfallenden Arbeiten mit an und lernten auf diese Weise, was zum Leben nötig war.

Innenansicht eines 7000 Jahre alten Langhauses der Bandkeramiker. Foto.

Hausbau

1 *Seht euch noch einmal auf Seite 31 an, wie die Menschen der Altsteinzeit gewohnt haben. Vergleicht ihre Wohnmöglichkeiten mit dem Haus aus der Jungsteinzeit (Abb. 1).*
2 *Beschreibt anhand der Abbildung 1 die Arbeitsgänge beim Bau eines Jungsteinzeithauses.*
3 *Stellt eine Liste der zum Hausbau nötigen Baumaterialien zusammen und überlegt, wie sie beschafft werden könnten.*

Die Funde aus der Jungsteinzeit zeigen Spuren unterschiedlicher Haustypen. Es gab Einraumhäuser, in denen jeweils eine Familie wohnte. Dazu gehörten gesonderte Vorratshütten und oft auch Schutzbauten für das Großvieh. In anderen Gegenden stieß man auf Dörfer, in denen Langhäuser standen. In diesen Häusern war alles unter einem Dach untergebracht, was die Menschen zum Leben brauchten. Es fanden sich Räume zum Wohnen und für die Vorräte.

Neue Techniken und Berufe

2 Bandkeramisches Gefäß aus Dresden-Nickern, ca. 5000 v. Chr. Foto.

4 Webstuhl und Gewand. Nachbildung von Schülerinnen und Schülern, 1996.

3 Bohren von Steinen. Rekonstruktionsversuch.

Töpfern, Weben, Bohren

In allen ausgegrabenen Siedlungen der Jungsteinzeit fanden die Archäologen Tonwaren, vor allem Töpfe und Krüge für die Aufbewahrung des Korns, zum Kochen und Trinken. Sie wurden aus Tonerde hergestellt, die mit Spreu oder kleinen Steinchen durchgeknetet wurde. Aus dem noch feuchten Material formte man einen kleinen, flachen Boden, darauf setzte man Tonwülste übereinander und drückte sie fest. So entstand die Wand des Gefäßes. Nachdem die Wände glatt gestrichen waren, mussten die Gefäße an der Luft trocknen. Anschließend wurden sie im Feuer gebrannt. Dadurch wurden sie hart.

Die Funde von Spinnwirteln beweisen, dass die Menschen schon Garn gesponnen und Stoffe gewebt haben. Dazu benutzten sie primitive Webstühle; als Rohstoffe verwendeten sie Flachs* und Schafwolle.

Handwerker, Bergleute und Händler

Die Herstellung der neuen Geräte erforderte nicht nur viel Zeit, sondern auch Übung und Geschick. So entwickelte sich die ▶ Arbeitsteilung* immer mehr. Für besonders schöne und gute Werkzeuge gab es bereits Spezialisten, die ersten Handwerker. Sie tauschten ihre Erzeugnisse gegen Lebensmittel, da ihnen zur Feldarbeit zu wenig Zeit blieb.

Zur Herstellung von Werkzeugen eignete sich am besten Feuerstein. Um an ihn zu gelangen, legten die Menschen schon in der Jungsteinzeit die ersten Bergwerke an.

Da Feuerstein nicht überall vorkam, musste er von Ort zu Ort befördert werden. Diese Aufgabe übernahmen die Händler, ebenso wie die Verteilung fertiger Geräte, den Transport von Salz und Bernstein.

4 *Versucht die Arbeitsweise der Bohrmaschine (Abb. 3) zu erläutern.*

Flachs*:
eine der ältesten Kulturpflanzen. Schon im 5. und 4. Jahrtausend v. Chr. gewann der Mensch aus ihrem Samen ein fettes Öl und aus dem Stängel Fasern zur Herstellung von Leinen, dem ältesten bekannten Gewebe.

▶ Arbeitsteilung*:
Wenn ein Mensch mehr produzieren kann, als er selber für seine Ernährung braucht, kann es zur Arbeitsteilung kommen; die einen arbeiten z. B. in der Landwirtschaft, die anderen spezialisieren sich im Handel oder im Handwerk. Mit der Arbeitsteilung und der Möglichkeit, Besitz anzuhäufen, kam es zu einer immer stärkeren Gliederung der Bevölkerung in verschiedene Gruppen.

Wagen
Transportmittel wurde nach der Erfindung des Rades und der Achse immer mehr der Wagen – die ältesten mit Scheibenrädern, dann auch mit Speichenrädern, gezogen zumeist von Ochsen, erst später von Pferden, die wahrscheinlich mehr als Lasttiere genutzt wurden.

Ötzi – der archäologische Star

Im Hochgebirge ermordet

Eisig fegte der Wind über die Felsen, die Herbstsonne verschwand hinter riesigen, grau-schwarzen Wolken. Wie schnell sich doch im Gebirge das Wetter ändern konnte! Ein schwer bepackter Mann stieg keuchend den Berg hinauf. Besorgt blickte er zu dem immer düsterer werdenden Himmel. „Ich hätte mich früher nach einem Unterschlupf umsehen sollen", schoss es ihm durch den Kopf. „Ich finde den Weg nicht. Diese verdammten Wolken! Man sieht ja keinen Pfeilschuss weit", murmelte er verzweifelt.

Der Mann hatte sich vorgestern in einem Dorf lautstark mit einem Jäger gestritten. Er hatte das Gefühl, dass er verfolgt wurde. Die rettende Landmarke, die ihm den Weg über den Berg weisen sollte, kam nicht in Sicht.

Plötzlich ein lauter Schrei. Der Mann fällt blutüberströmt zu Boden. Ein Pfeil steckt in seinem Rücken. Unter einem windgeschützten Felsvorsprung versucht er sich vor seinem Feind und dem tobenden Schneesturm zu schützen. Stöhnend bricht er den Pfeil ab, die Pfeilspitze steckt noch in seiner linken Schulter. Vor Erschöpfung und durch den starken Blutverlust fallen ihm bald die Augen zu. „Nicht einschlafen", sagt er immer wieder zu sich selbst, „nicht einschlafen ..." – denn dies wäre der sichere Tod.

Eine archäologische Sensation

Was nun wirklich an jenem Tag geschehen ist, lässt sich aber nur vermuten. Ziemlich genau 5300 Jahre später, am 19. September 1991, stießen Bergwanderer am Rand eines Schneefelds auf 3200 Metern in den Ötztaler Alpen auf den im Eis tiefgefrorenen Leichnam des Mannes. Der tätowierte Tote, der nach seinem Fundort „Ötzi" genannt wird, war 1,60 Meter groß und etwa 35 bis 40 Jahre alt. Er hatte eine Pfeilspitze in der linken Schulter. Sie steckte sieben Zentimeter tief in seinem Körper und hatte nur knapp die Lunge verfehlt. Der Mann war mit Leder, Pelz und Schilfgras gekleidet, er trug ein Kupferbeil, einen Dolch mit Steinklinge, einen Bogen (ohne Sehne) sowie einen Lederköcher mit 14 Pfeilen (aber nur zwei schussfertig gefiedert) bei sich. Zu seiner Ausrüstung gehörten ferner ein ledernes Gürteltäschchen mit Feuersteinklingen, Knochenahlen und einem Stück Zunderschwamm.

Fast 100 Wissenschaftler untersuchten den Gletschermann. Aus den Untersuchungsergebnissen wurde deutlich, dass er am Ende der Jungsteinzeit lebte, aber – wie das Kupferbeil beweist – in Berührung mit höher entwickelten Menschen gekommen sein musste.

Wer war „Ötzi"? War er ein Jäger, ein Almhirte oder gar ein Händler? Aus welcher Gegend stammte er? Fragen, auf die Wissenschaftler heute eine Antwort suchen.

1 *Versucht den Zweck der Ausrüstungsgegenstände Ötzis zu erklären.*

Lesetipp:

Shelley Tanaka/Laurie McGraw: Die Welt des Gletschermanns. Carlson, Hamburg.

Erich Ballinger: Der Gletschermann. Ueberreuter, Wien.

Gabriele Beyerlein: G. Beyerlein erzählt vom Gletschermann. Oetinger, Hamburg.

Internettipp:

www.provinz.bz.it/ar museenfuehrer/

Steinzeitkulturen heute

Aborigines – die Ureinwohner Australiens

Die Aborigines sind eines der etwa 70 eingeborenen Naturvölker*, die es noch heute auf der Erde gibt. Bis vor wenigen Jahren haben sie sich ihre Lebensweise als Jäger und Sammler wie vor 40 000 Jahren erhalten.

Ein Schriftsteller berichtete über eine Tageswanderung mit Aborigines um 1975:

M1 … Vorweg gehen die Männer, nicht übermäßig schnell. Die Frauen und Kinder folgen und sammeln dabei, was sie an Essbarem und an Grassamen finden. …
Plötzlich stoppt die Spitze. Alle bleiben wie angewurzelt stehen. Kein menschlicher Laut ist zu hören. Die Männer teilen sich und bilden einen eigenen Halbkreis. Warum? Sie haben ein Känguru entdeckt. Für alle gerade das richtige Nachtmahl. Immer volle Deckung nehmend, schleichen sich die Männer an das Tier heran, das sich durch dauerndes Aufrichten sichert. Doch es merkt nichts gegen den Wind.
Als sie bis auf 30 Meter heran sind, werfen zwei Jäger … zu gleicher Zeit zwei Speere auf das Tier ab.
Nach wenigen Metern bricht es tödlich getroffen zusammen. Gleich an Ort und Stelle wird es mit einem Steinmesser aufgeschlitzt, Herz, Leber und Niere herausgenommen und noch körperwarm von den Männern verzehrt. Mit dem erlegten Känguru auf den Schultern eines der Männer geht es weiter bis zu einer Wasserstelle mit brackig-warmem Wasser. Endlich eine Gelegenheit, den Durst zu löschen. …

2 *Vergleicht diese Jagdszene mit der in der Altsteinzeit (siehe S. 30).*

Vor ungefähr 200 Jahren haben weiße Eroberer das Land der australischen Ureinwohner in Besitz genommen und ihnen nur wenige, vorwiegend unfruchtbare Gebiete als Reservate* gelassen. Es sind meist Wüsten oder Land, das in der Regenzeit überschwemmt ist. Doch auch hier besteht die Gefahr, vertrieben zu werden, wenn dort z. B. wertvolle Bodenschätze entdeckt werden, die die Weißen abbauen wollen.

1 **Neben einem Sonnenkollektor, der die Energieversorgung im Lager ergänzen soll, unterrichtet ein alter Aborigine Kinder in der Kunst des Fährtenlesens.** Foto.

Die „Süddeutsche Zeitung" berichtete 1996 über die Aborigines:

M2 … Zehntausende von Kindern wurden bis vor wenigen Jahren ihren Eltern weggenommen und in weiße Pflegefamilien gegeben. Dort sollten sie lernen, wie die Weißen zu leben und zu denken. Das ist nicht gelungen. Sie fühlten sich heimatlos und entwurzelt. …

Etwa 300 000 Aborigines lebten vor der weißen Besiedlung in Australien, zwischenzeitlich waren es etwa 50 000, heute sind es wieder um die 350 000.
In den letzten Jahren rückte ihre Situation immer stärker in das Blickfeld der Weltöffentlichkeit. Bei den Olympischen Spielen von Sydney 2000 gewann Cathy Freeman als erste Frau, die von Aborigines abstammt, die Goldmedaille im 400-m-Lauf. Die gerichtliche Aufarbeitung der gewaltsamen Entführung von Aborigines-Kindern ist zurzeit in vollem Gange. Es finden politische Diskussionen über mögliche Entschädigungszahlungen an die Aborigines statt.

3 *Fasst die heutige Situation der Aborigines zusammen und vergleicht sie mit der in M1 geschilderten.*

4 *Informiert euch über die Lebensbedingungen von Naturvölkern, die es heute noch gibt, z. B. der Wildbeuter auf Papua-Neuguinea.*

Naturvölker*:
Völker, die ohne größere technische Errungenschaften im Einklang mit, aber auch in Abhängigkeit von der Natur leben, wie z. B. die Eskimos (Inuit) in den Polarregionen der Arktis oder die Janomami-Indianer in Südamerika

Internettipp:
www.gfbv.de (Gesellschaft für bedrohte Völker)

Zivilisation:
Gesamtheit der durch den Fortschritt von Wissenschaft und Technik geschaffenen verbesserten Lebensbedingungen des Menschen in einer natürlichen Umwelt

Reservat*:
Rückzugsgebiet, das unter besonderem Schutz steht

Methode: Informationen sammeln

1 **Informationen gewinnen wir häufig aus Büchern.** Foto.

2 **Schülerinnen und Schüler suchen nach Büchern am alphabetisch geordneten Autorenkatalog.** Foto.

Interessanten Fragen nachgehen
In diesem Kapitel habt ihr nur einen kleinen Teil dessen erfahren, was über die Steinzeitmenschen bekannt ist. Wenn ihr noch mehr herausfinden wollt, könnt ihr euch auf anderen Wegen weitere Informationen beschaffen.
Am häufigsten suchen wir uns zusätzliche Informationen in anderen Büchern. Wir finden sie in Büchereien oder Bibliotheken. Die meisten Schulen haben eine Schülerbücherei, in jeder Stadt und auch in vielen Gemeinden gibt es eine Bibliothek. Aber auch die Pfarrgemeinden unterhalten Büchereien, die ihr besuchen könnt.

1 *Erkundigt euch nach den Büchereien und Bibliotheken in eurer Umgebung, sammelt ihre Adressen und Telefonnummern und fragt nach, ob es dort Jugendbücher über die Steinzeit gibt.*

Die Bibliothek besuchen
In der Bibliothek eurer Gemeinde werdet ihr sowohl Romane als auch Sachbücher über die Steinzeit finden. Die Angestellten der Büchereien helfen euch sicher gern bei der Suche. Ihr könnt aber auch nach den folgenden Arbeitsschritten vorgehen:

1. Schritt
Besuchstermin vereinbaren

Macht einen Termin für einen gemeinsamen Besuch in der Bibliothek aus. Wenn ihr euch zum ersten Mal mit der ganzen Klasse anmeldet, vereinbart ihr am besten eine Führung.

2. Schritt
Im Katalog suchen

Ihr könnt nach den Büchern auch selber suchen. Dazu müsst ihr in den „Katalog" schauen.
Der Katalog ist ein Verzeichnis, in dem alle Bücher der Bibliothek notiert sind. Er sieht ganz anders aus, als ihr euch wahrscheinlich einen Katalog vorstellt. In einigen Büchereien ist es ein Schrank mit vielen Schubladen, in denen Tausende von Karteikarten stecken, in anderen Bibliotheken müsst ihr an einem Bildschirm arbeiten. Stets findet ihr aber einen Autoren- und einen Schlagwortkatalog.
Der Autorenkatalog hilft euch, wenn ihr schon wisst, von welchem Autor ihr ein Buch haben wollt. Der Schlagwortkatalog ist für den Anfang besser. Hier könnt ihr beispielsweise unter dem Stichwort „Steinzeit" oder „Eiszeit" nachsehen, aber auch unter vielen anderen Schlagworten. Fallen euch schon welche ein?

3. Schritt
Bücher ausleihen

Im Katalog findet ihr zu jedem Buch eine Buchstaben- und Zahlenkombination, die so genannte Signatur. Notiert die Signatur, den Namen des Autors und den Buchtitel und fragt nun die Angestellten, wie es weitergeht. Entweder lassen sie das Buch aus dem Magazin holen oder sie zeigen euch die Stelle im Regal, an der das Buch steht.

Eine Bibliothek besuchen

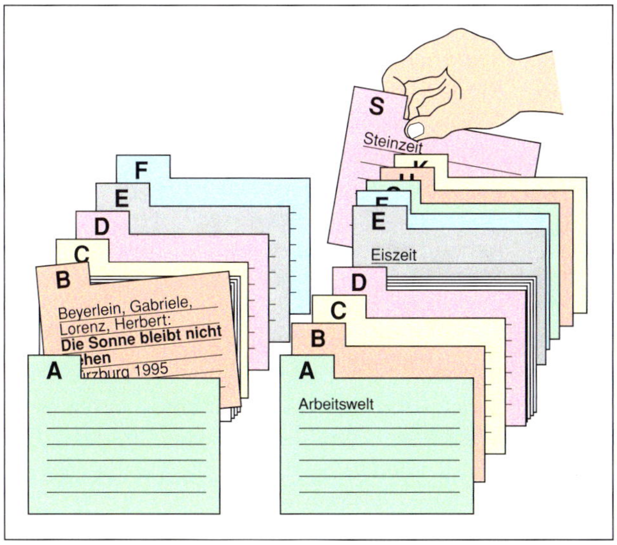

3 **Kataloge zum Suchen von Büchern in einer Bibliothek: alphabetisch geordneter Autoren- und Schlagwortkatalog.**

4 **Bei der Anlage einer Dokumentation.** Foto.

Noch ein paar Tipps ...
In den Regalen stehen die Bücher oft nach Themengebieten sortiert. Wenn ihr also die Stelle mit den Steinzeit-Büchern gefunden habt, entdeckt ihr dort meistens noch eine Anzahl weiterer Bücher.
Wenn ihr euch zwischen den Regalen umschaut, lernt ihr die Ordnung der Bibliothek bald kennen und findet euch auch in anderen Themengebieten zurecht.
Wenn ihr ein Buch zu eurem Thema kennt, schaut ruhig noch einmal im Autorenkatalog nach. Autoren schreiben oft mehrere Bücher mit ähnlichen Themen ...
Meistens dürft ihr die Bücher für eine bestimmte Zeit ausleihen. Das ist natürlich sehr bequem, es sei denn, das Buch ist bereits ausgeliehen. Dann könnt ihr das Buch vorbestellen und abholen, wenn der vorherige Benutzer es zurückgegeben hat. Wenn die Bücherei das gewünschte Buch nicht hat, kann es sogar über Fernleihe bestellt werden.

4. Schritt
Eine Dokumentation anlegen

Ausgeliehene Bücher müsst ihr nach einiger Zeit zurückgeben. Wenn ihr trotzdem wichtige Informationen behalten oder wenn ihr eure Mitschülerinnen und Mitschüler über euer Thema informieren wollt, müsst ihr diese Informationen auswählen und festhalten. Das heißt: „eine Dokumentation anlegen".

In einem Hefter sammelt ihr Fotokopien von Bildern und Texten aus den ausgeliehenen Büchern. Einige Bilder könnt ihr auch selber zeichnen. Wichtige Informationen aus langen Texten lassen sich besser kurz mit eigenen Worten zusammenfassen. Auf jedem Blatt solltet ihr als Überschrift das Thema festhalten, um das es geht. Am besten nummeriert ihr die Seiten durch, wenn eure Dokumentation abgeschlossen ist. So besitzt ihr euer eigenes „Geschichtsbuch".

2 *Wählt euch verschiedene Spezialthemen aus der Steinzeit aus, beispielsweise „Tiere in der Steinzeit" oder „Werkzeuge der Frühmenschen". Sammelt dazu Informationen und tragt sie in einer Dokumentation zusammen.*

Anregungen, wie ihr eure gewonnenen Informationen an andere weitervermitteln könnt, findet ihr auf der Seite 67.

Die Bronze- und Eisenzeit

1 **Schatzfund aus der Bronzezeit, ca. 1200 v. Chr aus Weißig bei Riesa.** Foto.

Um 2000 bis 800 v. Chr.:
▶ Bronzezeit
Die Verarbeitung von Bronze für Werkzeuge, Waffen und Schmuck setzt sich durch.

Um 800 v. Chr.:
Beginn der ▶ Eisenzeit in Europa
Waffen, Küchengeräte und Werkzeuge werden nun aus Eisen hergestellt.

Neuer Fortschritt durch das Metall

Die Menschen bemühten sich schon während der Jungsteinzeit ständig um eine Verbesserung ihrer Geräte. Auf der Suche nach neuen Werkstoffen entdeckten sie das Metall. Die ältesten Metallgeräte stammen aus dem östlichen Mittelmeerraum (Türkei) und sind aus Kupfer. Doch reines Kupfer ist für Waffen und Werkzeuge zu weich. Nach langem Experimentieren fanden die Menschen heraus, dass die Mischung aus neun Teilen Kupfer und einem Teil Zinn ein neues, härteres Metall ergab: die Bronze. Seit etwa 2000 v. Chr. breitete sich in Mitteleuropa die Bronze aus. Da immer mehr Menschen Werkzeuge, Waffen und Schmuck aus dem neuen Metall haben wollten, führte dies dazu, dass sich an vielen Stellen die Bronzeherstellung oder -bearbeitung als Handwerk entwickelte. Aufgrund von Funden wissen wir, dass Händler auf Fernhandelswegen die Waren verteilten. Ab etwa 800 v. Chr. setzte sich ein noch härteres, besser bearbeit- und verwendbares Metall durch: das Eisen.

Handwerker und Händler

Seit die Bronze bekannt war, wollten immer mehr Menschen Werkzeuge, Waffen und Schmuck aus dem neuen Metall haben. Das führte dazu, dass sich an vielen Stellen die Bronzeherstellung oder -bearbeitung als regelrechtes Handwerk entwickelte. Viele Geräte, z. B. Sicheln, wurden in ganzen Serien gegossen. Die Handwerker lösten sich weitgehend aus der Landwirtschaft. Sie tauschten ihre Erzeugnisse gegen Lebensmittel. Aber sie stellten auch mehr Produkte her, als in ihrer Siedlung benötigt wurden. So fanden sich Männer, die mit den Bronzewaren über Land zogen und sie gegen andere Waren eintauschten. Zum Beispiel war Salz sehr begehrt, ebenso Bernstein. Die Händler konnten Besitz ansammeln.

„Fürstinnen und Fürsten"

In den Gebieten, in denen die Bronze verarbeitet und benutzt wurde, entdeckte man Gräber, die mit großen Reichtümern ausgestattet waren. In ihnen fand man neben anderen Gütern kostbaren Goldschmuck, wertvolle Bronzewaren, sogar Glasperlen aus Ägypten. Es wird angenommen, dass aus der Reihe der wohlhabenden Bauern einige zu regionalen Herrschern wurden und dass sie genügend Lebensmittel produzierten, um zusätzlich Männer auf dem Hof halten zu können. Mit diesen konnten die so genannten Bauernfürsten die Dörfer und ihre Umgebung vor räuberischen Überfällen schützen, aber auch selbst auf Beutejagd gehen.
In den Gebieten, in denen die „Fürsten" für Schutz sorgten, gewannen sie nach und nach auch politische Macht. Ebenso reich ausgestattete Frauengräber wurden gefunden. Daran kann man erkennen, dass auch Frauen über großen Reichtum verfügen konnten. Ob sie aber selbst Macht ausübten, lässt sich nicht feststellen.

1 *Erklärt die Veränderungen, die sich von der Stein- zur Metallzeit vollzogen.*

2 *Nennt gesellschaftliche Gruppen der Bronzezeit und erläutert, wie sie voneinander abhingen.*

Das Metall – ein gewichtiger Fortschritt

Wie Bronze hergestellt wurde

Viele bronzezeitliche Bergwerke sind ausgegraben worden. Man fand z. B. in Spanien in einer Kupfergrube 20 tote Bergleute aus der Bronzezeit, die während einer Arbeitspause von niederstürzendem Gestein erschlagen worden waren. Kleidung, Geräte, Werkzeuge und Lampen sind von diesen, aber auch von anderen Schächten bekannt. Daher wissen wir, dass die Bergleute damals hauptsächlich im Tagebau arbeiteten. Lagen die Erz führenden Schichten aber zu tief, gruben sie einen Schacht und erweiterten ihn unten, wo die metallhaltigen Mineralien lagen, zu großen Räumen. Behauene Bäume dienten als Treppen; mit einer Winde und Seilen wurden die Körbe mit dem Erz herausgefahren.

Mit starkem Feuer erhitzten die Bergleute die Gesteinswand, dann schütteten sie kaltes Wasser dagegen. Dadurch wurden die Steine spröde und brüchig. Nun konnte das Erz aus dem Stein herausgeschlagen werden. Über Tage wurde es weiterverarbeitet und in „Hochöfen" ausgeschmolzen. Dazu schichteten die Menschen abwechselnd Erz und Holzkohle zu einem mannshohen Haufen auf, den sie mit Lehm abdeckten. Je ein Loch im Lehmmantel oben und unten sorgte für den Durchzug. Außerdem führten sie mit einem Blasebalg Frischluft zu, um die Temperatur im Ofen zu erhöhen. Das geschmolzene Metall floss unten aus dem Ofen in vorbereitete Formen aus Lehm und erstarrte. Jetzt waren die Barren fertig. Um Geräte oder Waffen herzustellen, wurden Zinn und Kupfer zusammengeschmolzen, dadurch erhielt man Bronze. Diese wurde dann in Formen geschüttet.

Beim offenen Guss wird die flüssige Bronze in eine halbe Stein- oder Tonform gegossen, sodass die Gegenstände nur auf einer Seite ausgeformt sind. Weitere Gussverfahren sind der Schalenguss* und das Gießen in der verlorenen Form*.

3 *Seht euch die Abbildungen 2, 3 und 4 genau an und lest den Text noch einmal aufmerksam durch. Beschreibt dann, wie*
- *Kupfer im Bergwerk abgebaut,*
- *das Erz geschmolzen und*
- *eine Axt oder Pfeilspitze gegossen wird.*

2 Bronzezeitlicher Bergwerksbetrieb (Kupfermine). Rekonstruktionszeichnung.

3 Bronzezeitlicher „Hochofen". Rekonstruktionszeichnung.

4 Bronzegießer beim Gießen in offener Form. Rekonstruktionszeichnung.

Schalenguss*:
Zwei gleiche Formen werden aneinander gefügt, in den Hohlkörper wird von oben flüssige Bronze eingegossen. Diese Technik ermöglicht eine Formgebung auf beiden Seiten des hergestellten Geräts.

Gießen in der verlorenen Form*:
Aus Wachs wird ein Modell des Gegenstands, der hergestellt werden soll, geformt und mit Ton umkleidet. Dann wird die Form erhitzt, das Wachs ausgegossen und die Form gebrannt. In diese Form wird Bronze gegossen. Um an das gegossene Bronzestück zu gelangen, wird der Tonmantel nach dem Erkalten zerschlagen.

Erzgebirge:
Das Erzgebirge war in den Metallzeiten ein bedeutender Metalllieferant.

Geschichte vor Ort: Die Metallzeit in Sachsen

1 Prunkbeil von Schweta (ca. 2.000 v. Chr.), Kreis Torgau-Oschatz. Foto.

2 Hauchdünne Bronzegefäße aus Gröba, Ortsteil von Riesa, ca. 1000 v. Chr. Foto.

3 Brandgrab. Urne mit Beigefäßen der Lausitzer Kultur aus Liebersee, Kreis Torgau-Oschatz, ca. 1000 v. Chr. Foto.

Die Lausitzer Kultur
Kenntnisse über die Metallerzeugung gelangten durch Zuwanderer aus Südosteuropa in das sächsische Gebiet. Die Menschen lernten es, Waffen, Geräte und Schmuck aus Bronze herzustellen. Während der mittleren Bronzezeit (1500 bis 1300 v. Chr.) entstand im östlichen Mitteleuropa die Lausitzer Kultur. Sie bestimmte über lange Zeit das Leben der Menschen im sächsischen Gebiet. Fortschritte in der Landwirtschaft erlaubten es den Bauern, den Boden vielfältig zu nutzen, auch in kargen Sandgegenden. Überall gossen und schmiedeten Handwerker Bronze.
Die Menschen lebten in Siedlungen, die burgähnlichen Befestigungen zugeordnet waren. Sie bauten die Burgwälle unter der Leitung des Adels. Zum Adel gehörten die reichen Bauern und die Dorfhäuptlinge. Die Burgen boten vielen Menschen mit ihrem Vieh und ihrer sonstigen Habe Schutz. Steinbauten wie in mittelalterlichen Burgen gab es zwar nicht, aber die Wehrmauern aus Holz und Erde waren sehr stabil. Angelegt wurden viele Burgen an unzugänglichen Plätzen, umgeben von Wasserläufen, Tälern oder Steinhängen.

Die Burgen bei Diesbar-Seußlitz
In Diesbar-Seußlitz, an der Elbe zwischen Meißen und Riesa, liegen drei dieser Burgen. Die größte davon ist die Goldkuppe mit einer Fläche von ca. 18 Hektar. Sie schützte eine große Siedlung, die über eine Werkstatt für Reibmühlen verfügte und nahm das Dreieck zwischen Elbtal und Seußlitzgrund ein. Die Befestigung war ringsum von einem Wall umgeben. Über dem Seußlitzgrund war eine Quelle zur Sicherung der Wasserversorgung in die Umwallung einbezogen. An der Zugangsseite hatte man eine riesige Mauer aus Holz und Erde errichtet. Sie ist heute noch über 12 m hoch, obwohl seit 2000 Jahren Wind, Wetter und Eingriffe der Menschen zur Abtragung beitrugen.
Auf dem gleichen östlichen Ufer der Elbe befindet sich auf dem Burgberg von Löbsal eine zweite Befestigung und ihr gegenüber auf dem westlichen Ufer die dritte, der Göhrisch. Vor dem Burgberg Löbsal und dem Göhrisch verlief ein alter Elbübergang, die „Rauhe Furt", die schon in der Bronzezeit genutzt wurde. Die Burgen deckten also einen Verkehrsweg.

Geschichte vor Ort: Die Metallzeit in Sachsen

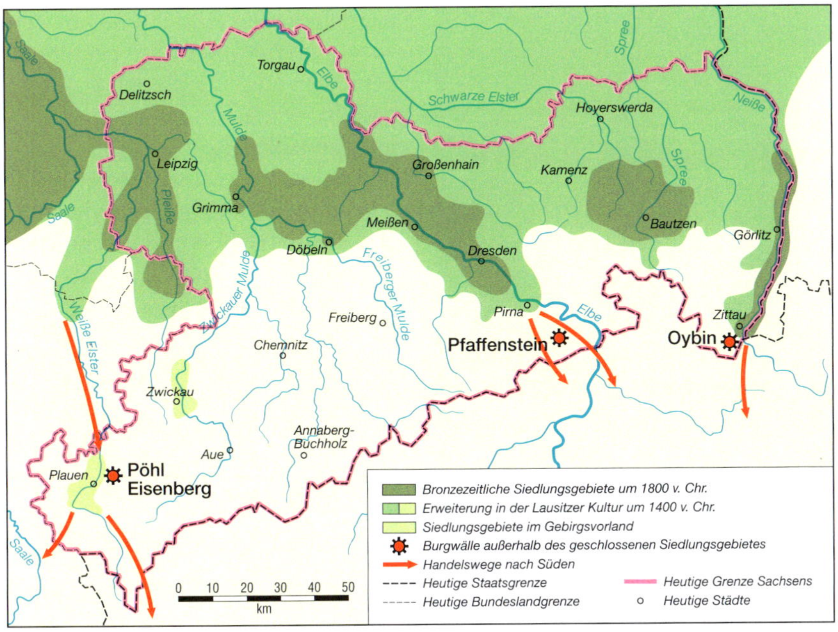

4 **Verbreitungsgebiet der Lausitzer Kultur in Sachsen.**

5 **Depotfund von Kyhna (Delitzsch) ca. 2000 v. Chr.** Der Fundort ist umgeben von riesigen Kreisgräben aus der Jungsteinzeit. Ihre Spuren sind nur noch aus der Luft zu erkennen. Foto.

Die drei Burgen waren in Kriegszeiten Zufluchtsort und Verteidigungszentrum. Im Frieden entfaltete sich in den Burgen Handwerk und Handel. Sie wurden zum wirtschaftlichen Mittelpunkt eines Stammes.

1 *Überlegt, weshalb Burgen an besonders schwer zugänglichen Plätzen angelegt wurden. Welche Vor- und welche Nachteile brachte dies für die Bewohner der Burg mit sich?*

2 *Unterhaltet euch darüber, welchen unterschiedlichen Beitrag die Angehörigen einer Siedlung zum Burgenbau leisteten.*

Bestattungssitten der Lausitzer Kultur

Die Menschen der Lausitzer Kultur veränderten die Bestattungsweise ihrer Toten. Die Verstorbenen wurden mit ihrer Kleidung auf einem Scheiterhaufen verbrannt. Anschließend sammelte man die Asche in eine Urne ein, die in einer Grabgrube beigesetzt wurde. Durch ein Loch am Boden der Urne sollte, nach der Vorstellung der Menschen damals, die Seele des Bestatteten die Urne verlassen können. In die Gräber stellte man auch Beigefäße aus Ton. Große Friedhöfe mit Urnengräbern sind bis heute erhalten, z. B. das Gräberfeld auf dem Schafberg bei Niederkaina mit über 2000 Bestattungen.

Das Ende der Lausitzer Kultur

Die Lausitzer Kultur bestimmte über lange Zeit das Leben der Menschen im sächsischen Gebiet. Sie überlebte die Wende von der Bronze- zur frühen Eisenzeit um 750 v. Chr. Doch dabei schrumpfte ihr Verbreitungsgebiet zusammen. Nur an der Elbe und in der Oberlausitz lebte sie bis etwa 500 v. Chr. weiter. Diese letzten Vertreter der Lausitzer Kultur lernten es auch, Eisen zu verarbeiten.

6 **Bronzenadeln aus dem Gräberfeld von Niederkaina bei Bautzen.** Die Menschen benutzten es zwischen 2800 bis 500 v. Chr als Bestattungsstätte. Foto.

3 *Belegt anhand des Textes folgende Behauptung: Bei den Befestigungen der Lausitzer Kultur handelt es sich in erster Linie um Dauersiedlungen, nicht um kurzfristig aufgesuchte Fluchtburgen.*

Methode: Besuch eines archäologischen Museums

1 **Schüler malen ein „Felsbild".** Foto, 2002.

2 **Schülerinnen beim Mahlen von Getreide.** Foto, 2002.

Was ist ein archäologisches Museum?
Sicherlich habt ihr schon einmal ein Museum besucht. Ihr wisst, dass es verschiedene Arten von Museen gibt, z. B. Heimat-, Stadt- oder Ortsmuseen, historische, naturkundliche oder technische Museen, Uhren-, Spielzeug- oder sogar Schulmuseen und viele andere mehr.
Museen sammeln und bewahren Gegenstände aus der Vergangenheit auf, erforschen diese und stellen sie für die Öffentlichkeit aus. In einem archäologischen Museum werden vorwiegend Funde aus der Vor- und Frühgeschichte präsentiert, die von Archäologen ausgegraben, erforscht und bewahrt worden sind.
Archäologische Museen oder archäologische Abteilungen in Stadt- und Heimatmuseen gibt es in Sachsen einige. Eines davon ist das Landesmuseum für Vorgeschichte in Dresden. Hier erfährt der Besucher unter anderem, wie zuerst Urmenschen, dann Germanen, schließlich Sorben und zuletzt Sachsen über einen Zeitraum von etwa 280 000 Jahren im Gebiet des heutigen Freistaates Sachsen gelebt haben. Ständig wechselnde Sonderausstellungen, ein interessanter Internetauftritt sowie ein umfangreiches Angebot für Besucher steigern zusätzlich die Attraktivität dieses Museums.

Wie kann man ein archäologisches Museum erkunden?
Ein Museumsbesuch löst sicherlich nicht bei allen Schülerinnen und Schülern eures Alters Begeisterung aus. Museen gelten bei einigen als langweilig und öde. Das muss aber nicht so sein.
In einem archäologischen Museum kann man als Schüler/-in oftmals selbstständig auf Entdeckungsreise gehen, an Modellen und Nachbildungen selbst ausprobieren, wie z. B. ein jungsteinzeitlicher Steinbohrer oder Webstuhl funktionierte, oder erfahren, wie die Archäologen arbeiten und was sie über ihre Funde alles über die Vor- und Frühgeschichte unserer Heimat herausfinden.
Wie interessant und spannend ein Museumsbesuch aber wird, hängt von einer überlegten und geplanten Durchführung ab.

Methode: Besuch eines archäologischen Museums

3 **Schüler verschaffen sich einen Überblick vom Landesmuseum für Vorgeschichte.** Foto, 2002.

1. Schritt
Die Erkundung vorbereiten

- Das Ziel auswählen und eventuell Anreise und Kosten klären.
- Einen Termin für die Besichtigung/Führung vereinbaren.
- Das Thema, z. B. „Bei den ersten Ackerbauern und Viehzüchtern in unserer Heimat", vorbereiten und einen Fragebogen entwerfen bzw. entsprechende Arbeitsmaterialien beim Museum anfordern.
- Arbeitsgruppen mit bestimmten Aufgabenstellungen einteilen, z. B.: Wie sahen damals die Dörfer aus? Welche Bestattungssitten und religiösen Bräuche gab es bei den Menschen? Was stellten sie für Alltagsgegenstände und Kunstwerke her?
- Klären, wie die Ergebnisse festgehalten werden sollen, z. B. Notizen, Skizzen, Fotos oder Videofilm (falls erlaubt).

2. Schritt
Die Erkundung durchführen

Sicherlich spricht nichts dagegen, wenn ihr zunächst einmal in Kürze durch das gesamte Museum streift, um euch einen ersten groben Überblick zu verschaffen. Aber bei größeren Museen wird man durch die Fülle der Ausstellungsstücke eher verwirrt oder verliert sogar die Lust an einer weiteren Besichtigung. Man muss sich deshalb auf bestimmte Bereiche konzentrieren. Museen sind entweder zeitlich oder nach bestimmten Themen aufgebaut. Einen Gesamtüberblick findet ihr zumeist im Eingangsbereich des Museums. Danach geht es ins Detail.

Deshalb:

- Bei einer Führung möglichst alle vorbereiteten Fragen stellen.
- Gegebenenfalls Arbeits- oder Fragebogen ausfüllen.
- Wenn möglich und erlaubt: Skizzen anfertigen, Fotos machen, Werkstücke herstellen, Videofilm drehen …
- Wenn nötig spontane Fragen stellen, weitere Informationen sammeln, unerwartete Beobachtungen festhalten.

3. Schritt
Die Ergebnisse auswerten und dokumentieren

- Das gesamte Material sichten, ordnen und feststellen, ob alle wichtigen Fragen beantwortet sind.
- Wenn nötig weitere Informationen zusammenstellen oder beschaffen (Museumsführer, Arbeitsmaterial des Museums, Lexika, CD-ROM).
- Festlegen, wie die Ergebnisse dokumentiert werden sollen. Möglichkeiten: Erkundungsbericht, Museumsrätsel, Wandzeitung, Ausstellung …

Methode: Kartenarbeit

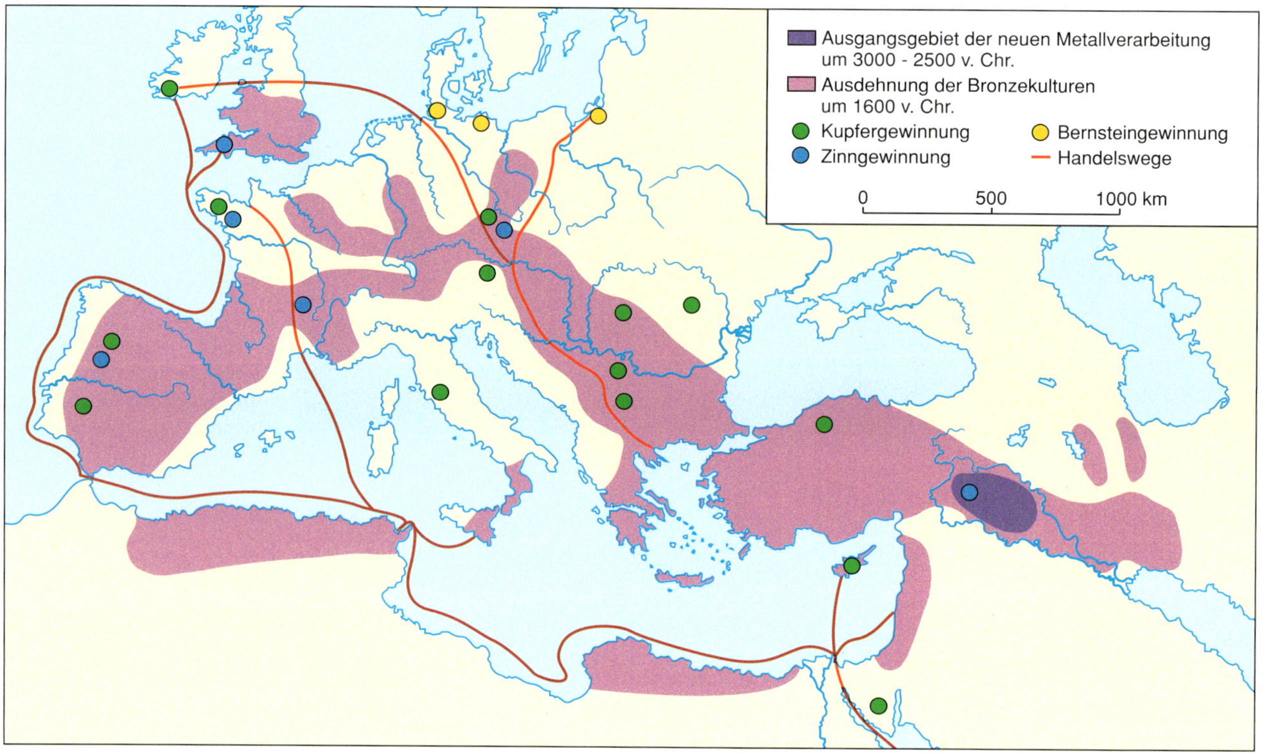

Bodenschätze und Handelswege der Bronzezeit.

Arbeit mit Geschichtskarten
Neben den geographischen Karten, die ihr aus dem Erdkundeunterricht kennt, gibt es auch Geschichtskarten. Um eine Karte richtig „lesen" zu können, muss man sich vor allem die beigefügten Erklärungen (= Legende) ansehen.
Eine Geschichtskarte will immer auf ganz bestimmte Ereignisse und Zusammenhänge hinweisen. Um eine Geschichtskarte zu verstehen, sollte man folgende Fragen stellen:

Welche Einzelangaben finden sich auf der Karte?
- Bodenschätze und Handelswege beispielsweise
- Ausgangsgebiete der neuen Metallentwicklung
- Ausdehnung der Bronzekulturen

Welcher Raum ist dargestellt?
- Welche Flüsse, Meere, Gebirge oder Städte sind eingetragen?
- Welche heutigen Länder oder Städte liegen in dem dargestellten Raum?
- Welche Ausdehnung hat der dargestellte Raum? (Achtet auf den Maßstab.)

Welchen Zustand (welche Zeit) oder welche Entwicklung zeigt die Karte?
- Welche Zeitangaben finden sich in der Legende oder in der Karte?
- Welche Veränderungen werden sichtbar? (Achtet auf die Farbgebung.)

Mithilfe dieser Karte könnt ihr folgende Aufgaben lösen:
1 *Verfolgt den Weg eines Händlers, der Zinn von Südengland nach Zypern bringen möchte. Überlegt, auf welchem Weg er seine Ware transportieren könnte. Messt nach, wie viele Kilometer der Händler jeweils ungefähr zurücklegen muss.*
2 *Vergleicht diese Karte mit der Karte auf Seite 38 und berichtet darüber, wie sich das Leben der Bauern durch den Bronzehandel veränderte.*

1 **Bäume aus einem nacheiszeitlichen Wald bei Reichwalde in der Oberlausitz (genau datiert 11992 v. Chr.).** Der Wald versumpfte später. Foto.

2 **Gesichtsmaske auf einer Gefäßscherbe aus Zauschwitz südlich von Leipzig (ca. 5200 v. Chr.).** Mit Gesichtern verzierte Gefäße spielten vermutlich eine Rolle im Hauskult. Foto.

Klimatische Veränderungen

Auch wenn Vieles zwischen Saale und Neiße ganz anders aussieht als bei den Hochkulturen Ägyptens, Mesopotamiens und Griechenlands, gibt es Gemeinsamkeiten. Das beginnt bereits in der Altsteinzeit. Hier wie dort lebten die Menschen als Jäger und Sammler und stellten auf ähnliche Art ihre Steinwerkzeuge her. Nach der Eiszeit um 12000 v. Chr. erwärmte sich die Erdoberfläche. Gletscher verschwanden, wo früher große Wildherden durch die kalte Steppenlandschaft zogen, war nun dichter, schattiger Wald. Dort konnten sich deutlich weniger Großtiere vom spärlichen Bodenbewuchs ernähren. So zogen sich die in Mitteleuropa lebenden Jäger und Sammler an Seen und Sümpfe zurück. Dort fanden sie Fische und viele Kleintiere als Nahrung. Im Vorderen Orient hingegen begannen die Menschen bereits Wildgetreide anzubauen und Schafe, Ziegen und Rinder zu züchten.

Religiöse Vorstellungen

Im 7. Jahrtausend setzte sich zwischen Saale und Neiße die bäuerliche Lebensweise mit Feldbau und Viehzucht durch. Viele Funde weisen auf eine Verbindung nach Südosteuropa und dem Mittelmeergebiet hin. So wurde im heutigen Zauschwitz in einem Grab eines Mädchens Sponylusmuschelschmuck aus dem Mittelmeergebiet gefunden. Kleine menschliche Figürchen aus Ton, Tierfiguren und mit Gesichtern verzierte Tongefäße wurden hier und im Vorderen Orient entdeckt. Hier wie dort spielten sie im häuslichen Kult, bei der Ahnenverehrung oder der Beschwörung der Fruchtbarkeit eine Rolle. Die religiösen Vorstellungen der ersten Bauern Europas mit denen im Vorderen Orient waren eng verbunden.

Unterschiedliche Entwicklungen

Um 4500 v. Chr. brachen die Kontakte nach Südosteuropa und dem Vorderen Orient weitgehend ab. Im Nahen Osten entstanden die ersten Hochkulturen, da im Land zwischen Euphrat und Tigris günstiges Klima und die Bewässerungswirtschaft gute Ernteerträge brachten. In Mitteleuropa wurde eine solche Entwicklung durch schlechtere Lebensbedingungen, wie z. B. lange Winter und kurze Sommer, verhindert. Die Ernten waren geringer, es wurde nur wenig Heu eingelagert, das Vieh musste im Herbst geschlachtet werden. Das Land blieb daher dünn besiedelt. Im Vorderen Orient lebten mehr Menschen zusammen und Schrift, Gesetze und Verwaltung entstanden. Der Glanz der Hochkulturen beeinflusste jedoch auch die Menschen in unserer Gegend und regte zur Nachahmung an.

Geschichte vor Ort: ... bis 1000 v. Chr.

3 **Schnurkeramische Streitaxt aus Greitschütz bei Leipzig.** Die Form dieser Axt imitiert Metallformen wie sie in Südosteuropa üblich waren. Foto.

4 **Dolch von Dresden-Briesnitz mit kunstvoll verzierter Klinge und angegossenem Griff** Die Technik, den Griff in einem zweiten Arbeitsgang an einer Klinge festzugießen, haben die mitteleuropäischen Gießer aus dem Orient gelernt. Foto.

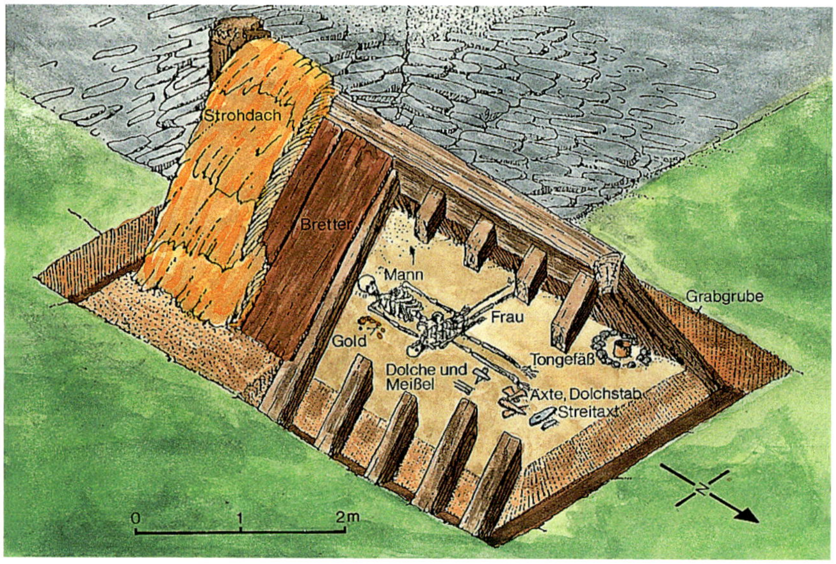

5 **Fürstengrab von Leubingen, Kreis Sömmerda.** Rekonstruktionszeichnung.

6 **„Venus" von Zauschwitz südlich Leipzig (ca. 4800 v. Chr.).** Diese kleine Tonfigur wurde zerbrochen in einer Siedlungsgrube ausgegraben. Sie ist stark stilisiert, d. h. vereinfach dargestellt. Ähnliche Tonfiguren sind aus Südosteuropa und dem Nahen Osten bekannt.

Nachahmung der antiken Hochkultur

Zum Ende des 3. Jahrtausends wurden in Sachsen z. B. Steinstreitäxte nachgeahmt. Einflüsse aus der griechischen Hochkultur seit 2300 v. Chr. waren die kunstvoll verzierten Waffen der Krieger und der Glasschmuck der Frauen. Händler durchzogen die Gebiete zwischen Nordeuropa und Griechenland. Der Schatzfund von Kythna enthält Frauenschmuck aus Bernstein von der Ostsee und eine wohl in Griechenland gefertigte Lanzenspitze aus Bronze.

Wie die Ägypter wurden die bronzezeitlichen Fürsten im Raum Sachsen in Grabkammern bestattet: In Leubingen bei Sömmerda lag ein älterer Mann mit Waffen und Schmuck in einer Grabkammer in einem acht Meter hohen Hügelgrab. Eine junge Frau begleitete ihn ins Totenreich.

Der Schatz von Weißig, wenige Kilometer nördlich der Goldkuppe bei Meißen, enthielt u. a. eine bronzene Wangenklappe. Diese stammte von einem Prunkhelm, wie ihn die Krieger in Südeuropa in dieser Zeit trugen, und zeigt den Kontakt fürstlicher Krieger zum Mittelmeergebiet. Der griechische Dichter Homer beschreibt, wie ein Treffen solcher Krieger aussah: Man lud sich gegenseitig ein und machte sich Geschenke. Beim Trinken aus reich verzierten Trinkbechern wurden Freundschaften und Bündnisse geschlossen. Solche kostbaren Gefäße wurden in Weißig und auch in Gröba bei Riesa im Boden gefunden.

1 *Überlege, welchen Einfluss klimatische Bedingungen auf das Leben der Menschen hatten.*

2 *Erkläre, worin die Unterschiede im Leben der Menschen in Mesopotamien und in Mitteleuropa bestanden.*

3 *Beschreibe Verbindungen zwischen der Kultur im Raum Sachsen und den Hochkulturen.*

Zusammenfassung

Der Mensch als ▶ Jäger und Sammler
Die ältesten Spuren der Menschen auf der Erde sind etwa 4,8 Millionen Jahre alt.
Das Leben der Menschen war ein ständiger Kampf um Nahrung und Kleidung. Sie jagten Tiere und sammelten pflanzliche Nahrung. Die Jäger und Sammler lernten das Feuer zu benutzen. Sie mussten dem wandernden Wild nachziehen und Gebiete aufsuchen, in denen es genügend pflanzliche Nahrung gab. Deshalb lebten sie als Nomaden.

Der Mensch als ▶ Ackerbauer und Viehzüchter
Vor 12 000 Jahren begann eine umwälzende Veränderung bei den Jägern und Sammlern im Vorderen Orient. Den Menschen wurde bewusst, dass sie sich besser ernähren konnten, wenn sie selbst Pflanzen anbauten, und dass man umso mehr erntete, je besser man den Boden bearbeitete. Deshalb erfanden sie neue Arbeitsgeräte: den Grabstock, den Spaten und den Pflug. Die Menschen lernten auch Tiere zu züchten: Hunde, Schafe und Ziegen, bald auch Rinder und Schweine. Damit wurde die Fleischversorgung sicherer. Die Menschen wurden sesshaft. Dort, wo die Äcker angelegt wurden, bauten sie sich Häuser. In den Dörfern lebten sie in Familien und Sippen zusammen. Die neue Wirtschaftsform dehnte sich langsam auch nach Mitteleuropa aus. Etwa um 5500 v. Chr. erreichte sie unsere Gegend. Nun gab es genügend Nahrung, und einzelne Menschen konnten sich als Handwerker spezialisieren (▶ Arbeitsteilung).

Beginn der Metallzeit in Europa
Vor 5200 Jahren begann die Metallzeit. Die Menschen lernten im Laufe der Zeit aus Kupfer und Zinn Bronze herzustellen. Funde aus der Bronzezeit deuten darauf hin, dass Bauern und Hirten mehr Lebensmittel produzierten, als sie selbst verbrauchten. Dafür konnten sie wertvolle Metallwaffen und -geräte, aber auch edlen Schmuck eintauschen.

Zum Nachdenken
Ein Wissenschaftler hat einmal folgende Behauptung aufgestellt: Der heutige Mensch könne unter den Lebensbedingungen der Neandertaler nicht überleben. Umgekehrt wäre es wohl denkbar, dass ein Neandertaler ein zuverlässiger Vorarbeiter oder Abteilungsleiter in einem Betrieb werden könne.

1 *Erklärt diese Behauptung.*

Vor ca. 4 800 000 Jahren

In Afrika entwickelt sich der Mensch.

Vor ca. 1 500 000 Jahren

Der Frühmensch wandert in Europa ein. Die Menschen der Altsteinzeit lebten als Jäger und Sammler.

Vor ca. 12 000 Jahren

Erster Getreideanbau und erste Viehzucht; Beginn der Jungsteinzeit im Vorderen Orient

Vor ca. 5000 Jahren

Beginn der Metallzeit in Europa

3. Ägypten – Beispiel einer Hochkultur

Schon in alter Zeit galten die ▶ Pyramiden als wahres Weltwunder. Und auch heute stehen Tag für Tag Tausende von Besuchern staunend vor den Riesenbauwerken. Über 4500 Jahre sind sie alt.
In Europa lebten die Menschen in dieser Zeit in kleinen Siedlungen auf einfachste Weise von Ackerbau und Viehzucht. Sie kannten noch keinen Staat, keine Verwaltung, keine Schrift und keine Wissenschaft.
Alles das aber gab es schon in Ägypten. Deshalb bezeichnen wir das Land als eine frühe Hochkultur. Und an seiner Spitze standen Könige, so reich und so mächtig, dass sie sich als Grabstätten Pyramiden bauen lassen konnten …

Ägypten – ein Geschenk des Nils

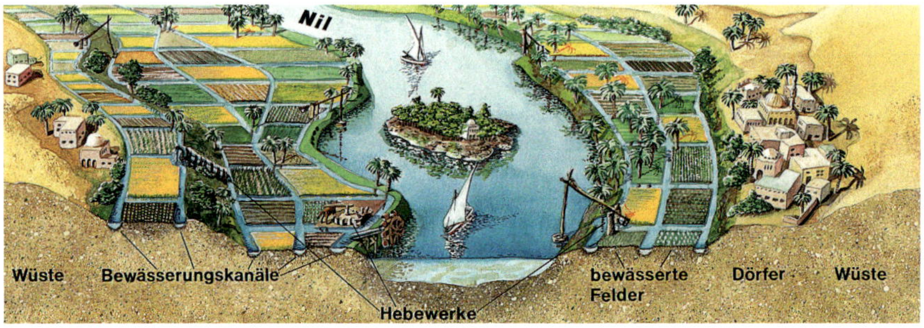

1 Querschnitt durch das Niltal.

*Der **Nil*** ist mit 6500 km der zweitlängste Strom der Erde und der längste Afrikas. Er wird vom Weißen und vom Blauen Nil gespeist, die sich nördlich von Khartoum im Sudan vereinigen.*
Vom Nil werden jährlich ca. 35 000 km² überschwemmt, das entspricht einem Zehntel der Fläche Deutschlands.

*Die Figur des **sitzenden Bettlers** soll daran erinnern, dass es in einem extremen Klima nicht immer möglich war, eine gute Ernte einzufahren.*

Es begann mit Überschwemmungen

Im alten Ägypten konnten die Menschen Jahr für Jahr das folgende Naturschauspiel beobachten: Im April/Mai führte der Nil* Niedrigwasser. Infolge der Schneeschmelze und der Regenfälle in den abessinischen Hochgebirgen stieg der Pegel im Juni an. Im September erreichte er seinen Höchststand, um im Oktober wieder zu fallen. Die Schlammmassen, die der Nil mit sich führte, bedeckten nun als äußerst fruchtbare Kruste den Boden. Jetzt konnte die Aussaat beginnen. Kurze Zeit später schnitten die Bauern das Korn, ernteten Datteln, Linsen und Weintrauben.

Die Menschen halfen sich gegenseitig

Die Nilüberschwemmung regelte den Ablauf des Bauernjahres und bestimmte das Zusammenleben der Menschen. Es bedurfte der organisierten Arbeit großer Gemeinschaften, um die Wassermassen des Nils zu nutzen. War die Flut zu hoch, brachen die Deiche, und viele Dörfer wurden zerstört. War die Flut zu niedrig, mussten die Bauern durch ein weit verzweigtes Kanalsystem das Wasser heranführen. Um auch höher gelegene Äcker zu bewässern, benutzten sie ein einfaches Schöpfgerät („Schaduf"). Hatte das Wasser längere Zeit den Boden durchfeuchtet, leitete man es wieder dem Fluss zu.

2 Ein Bauer schöpft Nilwasser in einen Bewässerungskanal. Grabmalerei, um 1250 v. Chr. Die Schöpftechnik ist auch heute noch bei Bauern in Gebrauch.

Vorratshaltung und Arbeitsteilung

In manchen Ländern Afrikas mussten die Bewohner bis zu zwölf Monate auf Regen warten. Die Folge war Nahrungsmittelknappheit. Die Menschen begriffen aber schnell, dass nur eine planmäßige Vorratshaltung helfen konnte, ein schlechtes Erntejahr zu überleben. Deshalb wurden die Getreideüberschüsse gesammelt und in Vorratshäusern (Speichern) eingelagert. Eine weitere Folge der Vorratswirtschaft war, dass nicht mehr alle Menschen in der Landwirtschaft tätig waren. Handwerker, Forscher, Künstler konnten ihren Berufen nachgehen und wurden von den Bauern mitversorgt. Es bildete sich eine vielfältige Arbeitsteilung heraus.

1 *Der griechische Geschichtsschreiber Herodot sagte: „Ägypten ist nicht ein Geschenk des Nils, Ägypten ist ein Geschenk der Ägypter." Was meint ihr dazu?*

2 *„Die Überschwemmungen des Nils konnten Fluch oder Segen für die Ägypter sein." Diskutiert diesen Satz mithilfe von Abbildung 1.*

3 *Erklärt, warum andere Länder Hunger leiden mussten, Ägypten hingegen nicht.*

Ägypten – ein Geschenk des Nils

3 **Der Nil.**
Foto.

Landvermessung und Geometrie

Die Bauern bekamen vom Staat jeweils ein Stück Land zum Anbau zugewiesen. Von der Ernte behielten sie einen Teil, den anderen zogen Beamte ein. Nach jeder Überschwemmung hatte der Nil eine Schlammkruste auf den Äckern zurückgelassen, die Grenzen der Felder waren nicht mehr zu erkennen. Um zu klären, welches Stück Land der Bauer zu bestellen hatte und wie hoch die von ihm zu entrichtenden Abgaben waren, mussten die Felder jährlich neu vermessen werden. Aus dieser Landvermessung entwickelte sich die Wissenschaft der Geometrie.

Der ägyptische ▶ Kalender

Um den Beginn der alljährlichen Überschwemmungen berechnen zu können, beobachteten die Ägypter den Lauf der Gestirne. Sie erkannten, dass mit dem Auftauchen des Sirius das Ansteigen des Nilwassers einsetzte. Nach dieser Erkenntnis stellten die Ägypter einen Kalender auf. Er besaß 12 Monate zu je 30 Tagen und 5 Zusatztage, also insgesamt 365 Tage. Das Jahr wurde in drei Jahreszeiten eingeteilt: Überschwemmung, Aussaat und Ernte.

4 *Erklärt den ägyptischen Kalender und vergleicht ihn mit unserer Jahreseinteilung.*

Der Mensch zähmt die Naturgewalten

Um das Nilwasser auf höher gelegene Felder zu schaffen, benutzten die Ägypter das Schaduf oder später die „archimedische Schraube" (siehe S. 112). Die Bewässerungsanlagen konnten aber nur einen relativ schmalen Landstreifen versorgen und damit fruchtbar machen.

Ägypten heute

Erst 1970 änderte sich diese Situation. Ägypten baute mit ausländischer Unterstützung einen riesigen Staudamm bei Assuan*.

Ein Schüler konnte sich während eines Besuchs des Staudamms zu den Folgen des Baus einige Stichpunkte aufschreiben:

M

weniger Fische
Schiffbarkeit des Nils
*Bilharziose**
neue Arbeitsplätze
Ansiedlung von Industriebetrieben
fruchtbarer Schlamm im Staubecken
Einkauf teuren Kunstdüngers
Umsiedlung von 100 000 Menschen
Elektrizität

5 *Listet in einer Tabelle Vor- und Nachteile des Assuan-Staudamms auf.*

6 *Spielt ein Gespräch zwischen einem Staudammarchitekten und einem Feldbauern, der sich durch den Staudamm in seiner Existenz bedroht fühlt.*

Assuan-Staudamm*:
Bauzeit: 1960–71; Länge des aufgestauten Sees: 500 km; Höhe der Staumauer: 110 m, Länge der Staumauer: 4 km

Bilharziose*:
nach dem deutschen Entdecker T. Bilharz (1825–1862) benannte, durch Saugwürmer verursachte Infektionskrankheit der Tropen und Subtropen, die v. a. Leber, Darm und Blase befällt.

Ein Staat entsteht in einer Hochkultur

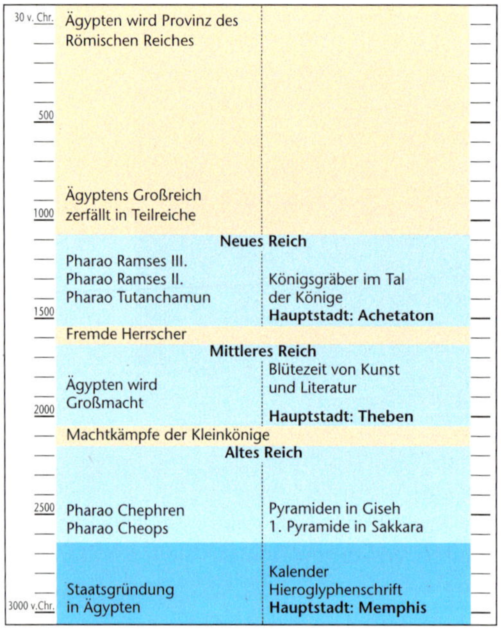

1 Ägypten 3000 bis 30 v. Chr.

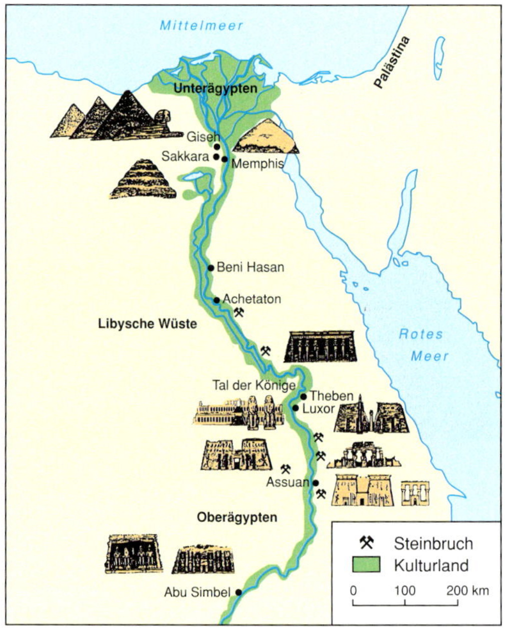

2 Altägypten.

Das altägyptische Reich

Wo sich heute in Ägypten unter flimmernder Hitze endlos erscheinende Wüsten erstrecken, da gab es einst tropische Wälder und zahlreiche Seen. Wie in Europa, so lebten auch dort die Menschen bis etwa 5000 v. Chr. von der Jagd, vom Fischfang, von Früchten und essbaren Pflanzen.

Allmählich jedoch begann sich das Klima zu ändern und Ägypten wurde zur Wüstenlandschaft. Immer mehr Menschen zogen deshalb bis etwa 3000 v. Chr. ins Niltal und wurden hier sesshaft. Sie lebten in Dörfern und Siedlungen. Im Zentrum jeder Gemeinschaft stand ein Tempel, in welchem dem Gott der Bewohner geopfert wurde. Wahrscheinlich schlossen sich seit der Mitte des 4. Jahrtausends v. Chr. viele Dörfer zusammen, um in gemeinsamer Arbeit Deiche, Kanäle, Staudämme und Auffangbecken zu bauen. Aus dem Flusstal des Nils wurde so im Laufe der Zeit eine fruchtbare Flussoase.

Mit der Größe solcher „Verwaltungsbezirke“, der Gaue, wuchs auch das Ansehen und die Macht der Gauverwalter. Schließlich kam es zur Bildung von zwei größeren Herrschaftsgebieten: das eine in Unter-, das andere in Oberägypten. Aus ihnen entstand etwa um 3200 v. Chr. das altägyptische Reich. Man weiß bis heute noch nicht genau, welche Ereignisse schließlich dazu führten, dass sich die gesamte Macht in den Händen eines Einzelnen, des Königs, konzentrierte. Die erste Hauptstadt dieses Reiches war Memphis. Hier stand auch der Palast des Herrschers.

Man bezeichnet diesen frühen, hoch entwickelten Staat heute als ▶ Hochkultur* im Vergleich etwa zu den gleichzeitigen bäuerlichen Kulturen der Jungsteinzeit in Mitteleuropa.

Das ▶ ägyptische Reich bestand fast 3000 Jahre, in denen es von 50 verschiedenen Königsgeschlechtern regiert wurde. Man untergliedert diesen Zeitraum heute, indem man von der Geschichte des Alten, Mittleren und Neuen Reiches spricht.

1 *Lest auf den Seiten 38–41 und 46/47 nach, welche Ereignisse und Entwicklungen sich gleichzeitig in Europa abspielten.*

2 *Ihr könnt in den folgenden Wochen einen „Reiseführer Ägypten“ erstellen. Themen könnten z. B. sein: Die Bedeutung des Nils für Ägyptens; Bau und Bedeutung der Pyramiden; Die Rolle der Frau in der ägyptischen Gesellschaft damals und heute usw.*

Überlegt gemeinsam, woher ihr Informationen

▶ Hochkultur*: *Bezeichnung für Kulturen, die im Vergleich mit so genannten primitiven Kulturen eine höhere Entwicklung in der Naturbeherrschung, des politischen und sozialen Systems, des geistigen Lebens und in den künstlerischen Ausdrucksformen aufweisen. Frühe Hochkulturen gab es u. a. auf Kreta (siehe S. 81), am Indus und am Hwangho sowie in Süd- und Mittelamerika.*

Der Pharao – König und Gott

3 **Mumienmaske des Pharaos Tutanchamun (1333–1323 v. Chr.).** Foto.

Die ägyptischen Könige wurden ▶ Pharaonen* genannt. Für die Untertanen war der Pharao heilig und unerreichbar, ein Gott in menschlicher Gestalt. Seine Anordnungen und Entscheidungen galten als der Wille der Götter. Die Pharaonen hatten die Aufgabe, die Götter dem Volk gegenüber gnädig zu stimmen. Dies geschah durch den Bau von Tempeln, durch Opfergaben und den Gottesdienst. Der Pharao besaß unumschränkte Macht. Ihm gehörte das ganze Land, Privatbesitz entwickelte sich erst langsam. Der König wachte über die Verwaltung und die öffentlichen Bauten, er setzte die Steuern fest, die seine Beamten einzogen, und ordnete an, die Vorratshäuser zu füllen.

Über die Macht des Pharaos schrieb ein heutiger Wissenschaftler:

M1 … An der Spitze der Regierung stand der König. Er galt als Sohn eines Gottes und war in den Augen des Volkes selbst göttlich. Seine Macht war unbegrenzt. Er beherrschte das Land im Namen des Gottes, als sein einziger Meister und Herr.

Leben, Güter und Arbeit der Untertanen lagen in der Hand des Königs, der darüber verfügen konnte, wie es ihm beliebte. Er ordnete an, welche Felder jedes Jahr besät werden sollten. … Er stellte fest, welchen Anteil von der Ernte der Bauer an die Regierung abzuführen hatte. …

Er ernannte Personen zur Ausführung bestimmter öffentlicher Arbeiten, um Kanäle anzulegen, Deiche, Tempel, Gräber, Paläste oder Schiffe zu bauen, Steine zu hauen, wilde Tiere zu jagen, Salz oder Metall zu fördern. Er bestimmte die genaue Zahl derer, die im Heer oder bei der Polizei oder als Ruderer oder Matrosen bei der Flotte dienen sollten. Er stellte auch fest, welchen Anteil der Erzeugnisse seiner Arbeit der Handwerker an den Staat abzuliefern hatte und welche Handwerker ausschließlich für den König und die Tempel arbeiten sollten. …

3 *Schreibt aus dem Text des Geschichtsforschers alle Bereiche heraus, über die der Pharao bestimmte.*

4 *Diskutiert darüber, welche Gefahren sich daraus ergeben können, wenn sich in einem Staat alle Macht in den Händen eines Einzelnen befindet.*

4 **Kleiner König.** Dieses Goldfigürchen zeigt die königlichen Abzeichen: die Krone, den Herrscherstab und die Uräusschlange* an der Stirn. Foto.

▶ Pharao*:
Titel der ägyptischen Könige. Der Begriff bedeutet „großes Haus", das heißt Palast.

Uräus*:
afrikanische Giftnatter

Die Verwaltung des Reiches

1 **Der Schreiber.** Bemalte Kalksteinstatue, um 2500 v. Chr.

Die Beamten

Die Aufgaben des Pharaos wurden im Laufe der Zeit immer umfangreicher, sodass er sie allein nicht mehr bewältigen konnte. Beamte unterstützten den König in der Ausübung seiner Macht. An ihrer Spitze stand der Wesir*. Er leitete die Nahrungsmittelversorgung, die Schatzkammer, die Justiz und die Staatsarchive. Seine Aufträge erhielt er unmittelbar vom König, er erteilte seinerseits Befehle an die örtlichen Beamten. Diese zählten das Vieh, die Haushaltungen und das Korn, das von den Bauern in die Vorratskammern geliefert wurde.

1 *Erklärt die Rolle des Wesirs bei der Verwaltung des Reiches.*

Wesir*: *Stellvertreter des Königs. Er war der oberste Richter, oberster Polizeichef und oberster Heerführer.*

Der Schreiber

Wichtigste Voraussetzung für die Beamtenlaufbahn war die Fähigkeit zu schreiben. Man nimmt an, dass von den zwei Millionen im alten Ägypten lebenden Menschen nur etwa 10 000 bis 20 000 schreiben konnten.

Die Ausbildung begann mit fünf Jahren. Im Alter von 16 bis 18 Jahren erhielt ein Schreiber seine erste Anstellung in der Verwaltung. Die Schreiber durften sich zu den Gebildeten zählen. Ihr Schreibgerät* trugen sie stolz über der Schulter. Auch wenn sie höhere Aufgaben zu erledigen hatten, ließen sie sich gern auf dem Boden hockend oder kniend als Leser oder Schreiber darstellen.

Schreibgerät*. *Rekonstruktion. Es besteht aus einer Palette mit zwei Vertiefungen für rote und schwarze Farbe, einem Wasserbeutel zum Anrühren der Farbe und einem Behälter für die Pinsel.*

Folgenden Rat gab ein Vater seinem Sohn:

Q1 ... Werde Schreiber! Der ist vom Arbeiten befreit ... und ist erlöst vom Hacken mit der Hacke; er braucht keinen Korb zu tragen. Der Beruf des Schreibers trennt dich vom Arbeiten mit dem Ruder. ... Du hast nicht viele Herren und hast nicht eine Menge von Vorgesetzten. ... Selbst der Priester steht als Ackerer da. ... Allein der Schreiber, der leitet jedes Werk, das in diesem Land geschieht. ...

2 *Nennt die Vorteile, die der Beruf des Schreibers mit sich bringt.*

3 *„Der Beamte habe niemandem zu gehorchen." Beurteilt diese Aussage.*

Den Frauen blieb der Beruf der Schreiberin verschlossen, weshalb die wenigsten von ihnen schreiben oder lesen konnten. Der Wirkungskreis der Frau im alten Ägypten blieb das Haus.

2 **Getreidespeicher.** Ein Schreiber notiert die gelieferte Menge. Modell aus einem ägyptischen Grab, um 2000 v. Chr.

Die ägyptische Gesellschaft

Die Priester

Als oberster Priester galt im alten Ägypten der König. Weil er nicht in jedem Tempel anwesend sein konnte, ließ er sich durch den jeweiligen Hohepriester eines Tempels vertreten. Die Tempelpriester erhielten aufgrund ihres großen Einflusses Ländereien und waren von Abgaben befreit.

Bauern, Händler, Handwerker

Der überwiegende Teil der ägyptischen Bevölkerung arbeitete als Bauern in der Landwirtschaft. Die Ackerfläche, die ein Bauer zu bearbeiten hatte, lag in der Regel zwischen 0,8 und 1,3 Hektar. Heute wird geschätzt, dass ihm nach Abzug aller Abgaben etwa ein bis zwei Sack Getreide pro Monat verblieben. (Zum Vergleich: Arbeiter erhielten für ihre Tätigkeit jeden Monat fünf Sack Getreide.) Eine Menge von ein bis zwei Sack Getreide reichte dem Bauern gerade aus, um sich und seine Familie notdürftig zu ernähren. Frauen halfen in der Landwirtschaft, indem sie beim Worfeln* des Getreides dabei waren, Ähren einsammelten, Kühe melkten.

Der Willkür der Beamten waren die Bauern und ihre Familien schutzlos ausgeliefert. In der Zeit der Nilüberschwemmung, wenn sie wenig zu tun hatten, mussten sie im Auftrag des Königs Pyramiden, Tempel oder Paläste errichten.

Viele Jahre lang unterhielten die Pharaonen kein stehendes Heer. Im Bedarfsfall rekrutierte man Soldaten aus der Bevölkerung.

Ägyptische Händler versorgten das Land unter anderem mit Olivenöl und Wein aus Kreta. Diese Waren brachten sie mit Segelschiffen nach Ägypten.

Handwerker wie die Töpfermeister waren für ihre Kunstfertigkeit weithin bekannt. Oft füllten sie ihre Produkte gleich mit den entsprechenden Waren. So boten sie kleine Kosmetiktiegelchen bereits mit Parfüm oder Make-up an. Waren wurden anfangs gegen Naturalien eingetauscht.

Zur untersten Gesellschaftsschicht gehörten die Sklaven. Meist arbeiteten sie als Dienerinnen und Diener. Sie galten zwar als persönlich frei, ihr „Herr" konnte aber ihre Arbeitskraft vermieten.

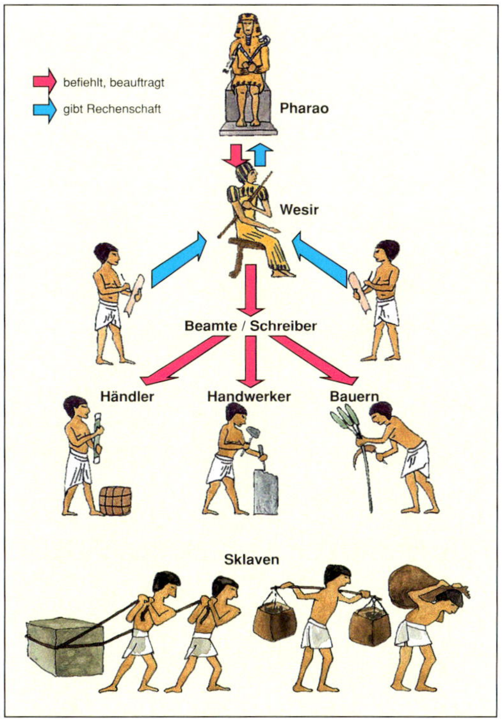

3 Die Herrschaftsordnung im Ägypten der Pharaonenzeit.

Im Auftrag des Pharaos mussten die Männer in Steinbrüchen arbeiten, um Baumaterial für die Pyramiden und andere Bauwerke zu beschaffen. Aufgrund der verteilten Brote, die sie als Lohn erhielten, ergibt sich eine Gesellschaftshierarchie*:

Q2

- der Expeditionsleiter und der Herold — 200 Brote
- die drei „Großen der 10 von Oberägypten", je — 100 Brote
- die 30 Offiziere, je — 30 Brote
- die Bürgermeister, je — 100 Brote
- der Vorsteher aller Arbeiten des Königs — 100 Brote
- 8 Schreiber, je — 30 Brote
- der Bürovorsteher — 30 Brote
- 60 Zimmerleute, je — 20 Brote
- 17 000 Arbeiter, je — 10 Brote

4 *Zeichnet aufgrund der Brotverteilung eine Gesellschaftspyramide.*

5 *Beurteilt diese Verteilung. Findet ihr sie gerecht oder nicht?*

Worfeln*: *das Werfen des ausgedroschenen Getreides gegen den Wind. Dadurch wurde es von Spreu und Staub gereinigt.*

Hierarchie*: *Rangfolge, Rangordnung*

*Die Ausrüstung eines **Soldaten** bestand aus Holzschild, Streitaxt und Speer.*

Exkursionstipp: *Im Ägyptischen Museum der Universität Leipzig findet ihr viele interessante Ausstellungsstücke aus der Zeit des alten Ägypten.*

Die Hieroglyphen – heilige Einkerbungen

*▶ **Hieroglyphen*:** ägyptische Bilderschrift, die seit 3200 v. Chr. entwickelt wurde. Dem französischen Ägyptologen Champollion gelang es 1822, ihre Bedeutung zu entziffern.*

***Papyrus*:** An den Ufern des Nils ernteten die Ägypter die Papyrusstaude. Sie ist ein Sumpfgras und wird bis zu 6 m hoch. Aus ihrer Staude stellten die Ägypter den Vorläufer des Papiers her. Die Schreiber zeichneten ihre Hieroglyphen auf den Pflanzenstoff. Einige Papyrusrollen waren über 20 m lang. Da es in Ägypten heiß und trocken ist, sind viele Schriftrollen bis heute gut erhalten und lesbar.*

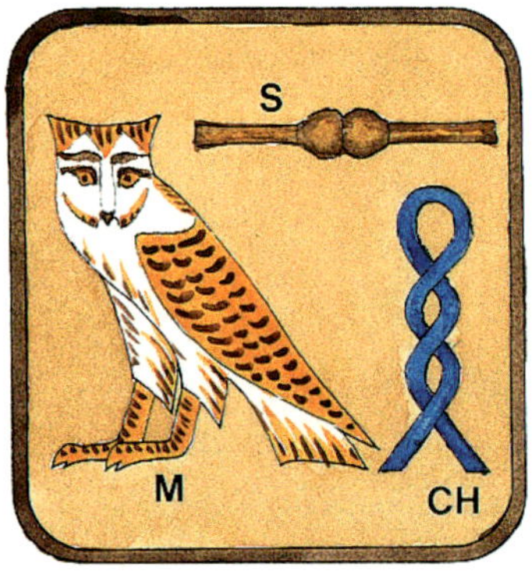

1 **Ägyptisches Wort für Krokodil.**

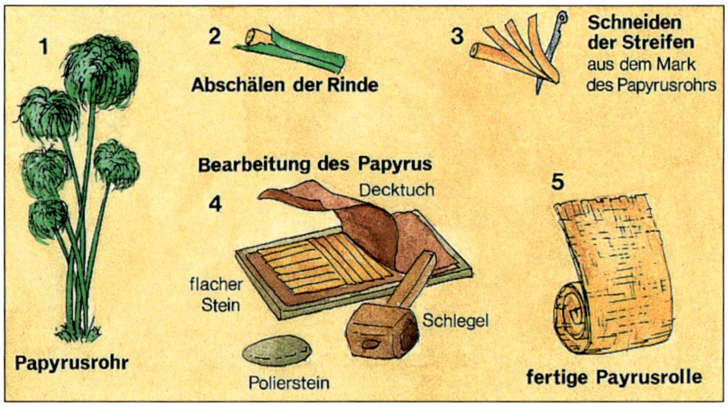

2 **Papyrusherstellung.** Die Papyrusstreifen werden kreuzweise aufeinander gelegt. Durch sanfte Schläge mit dem Schlegel kleben die beiden Schichten zusammen.

Die Entwicklung der ägyptischen Schrift

Das ägyptische Wort für Beamter lautet „Schreiber". Schreiber und Beamte gab es seit Beginn der ägyptischen Hochkultur um 3200 v. Chr.; ebenso alt ist die Schrift.

Die Griechen nannten später diese Schrift, die sie vor allem an Tempeln und Götterstatuen sahen, ▶ Hieroglyphen* – heilige Einkerbungen. Geschrieben wurden diese Hieroglyphen von rechts nach links oder von links nach rechts oder von oben nach unten.

Wie die altägyptische Schrift entstanden ist, wissen wir bis heute nicht.

Die altägyptische Schreibschrift

Eine Wissenschaftlerin schrieb 1989 über die ägyptische Schrift:

M1 Im altägyptischen Staat spielte die Bürokratie eine große Rolle und dazu war eine Schrift nötig, die man mit wenig Aufwand flott und mit leicht transportierbarem Schreibmaterial hinschreiben konnte. Denn die Schreiber taten ihre Arbeit nicht nur in ihren Amtsstuben, sondern mussten z. B. auch aufs Land, gehen um gleich an Ort und Stelle festzuhalten, wie viel Getreide ein Bauer einbrachte.

Als Schreibgeräte verwendeten die Schreiber Pinsel und Tinte. Die „Tinte" war ein festes, trockenes Stück Farbe; wollte man damit schreiben, strich man mit dem angefeuchteten Pinsel darüber. Brauchte man mehr „Tinte", weil man längere Texte schrieb, löste man ein größeres Stück Farbe in einem mit Wasser gefüllten Töpfchen auf.

Zum Handwerkszeug eines altägyptischen Schreibers gehörten zwei „Tinten": eine schwarze, mit der üblicherweise geschrieben wurde, und eine rote zum Hervorheben bestimmter Stellen. Die schwarzen Farbstücke wurden hergestellt, indem man Ruß, die roten, indem man fein zerriebenen roten Ocker mit Wasser und Gummi mischte und dann trocknen ließ. Die Verwendung von Schwarz für die normale Schrift und von Rot zum Hervorheben wurde übrigens später von den Arabern übernommen und an uns weitergereicht.

Geschrieben wurde auf Scherben zerbrochener Tongefäße, auf Schreibtafeln aus Holz und vor allem auf Papyrus*. Das Wort „Papyrus" bedeutet in der altägyptischen Sprache vermutlich „zur Verwaltung gehörig". Von den Ägyptern übernahmen die Griechen diesen Ausdruck, von den Griechen wiederum die Römer und seit dem 14. Jahrhundert ist er in unserer deutschen Sprache als „Papier" gebräuchlich.

1 *Erklärt mithilfe von Abbildung 2 die Herstellung von Papyrusbögen.*

2 *Die ägyptische Verwaltung wäre ohne eine Schrift nicht möglich gewesen. Notiert euch dazu einige Begründungen. Lest euch nochmals die Seite 60 daraufhin durch.*

Die Hieroglyphen – heilige Einkerbungen

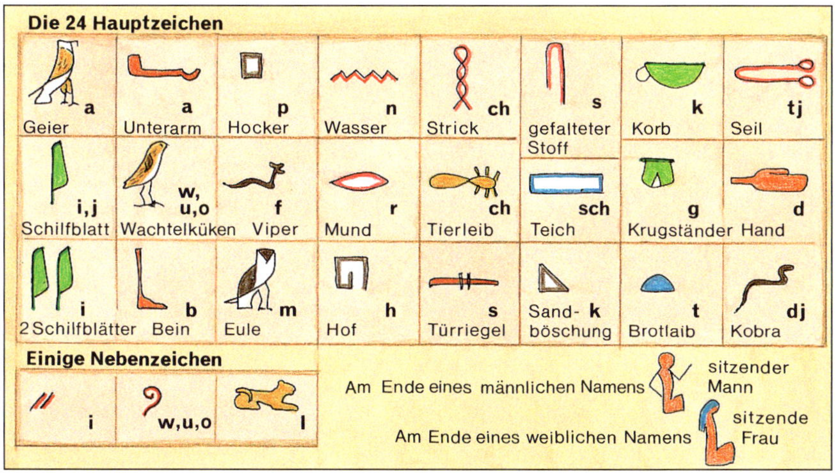

3 Das ägyptische Alphabet. Angegeben ist jeweils die Bildbedeutung und die Aussprache.

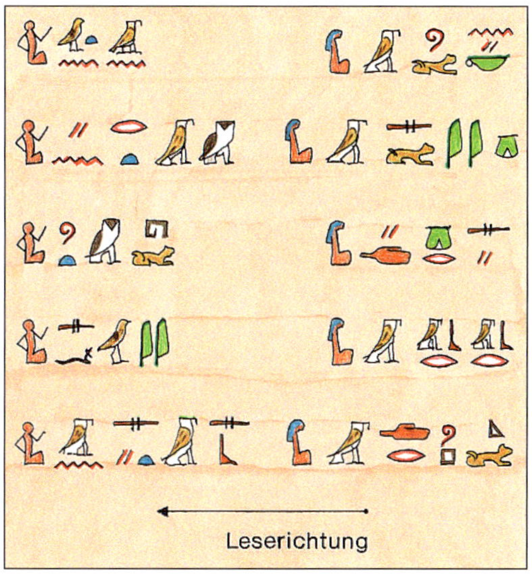

4 Jungen- und Mädchennamen. Jeweils von rechts nach links zu lesen.

Wichtige deutsche „Chat-Kürzel"

„bvid"	bin verliebt in dich
„dbdb"	du bist der Beste/die Beste
„iha"	ich hasse Abkürzungen
„Sfh"	Schluss für heute
„snif"	traurig, weinen
„z"	zornig

Häufig verwendete „Smilies"

:-)	lächelnd, glücklich
:-))	sehr glücklich
:-(	traurig, sauer
:-0	laut lachen
,-@	brüllen
,-(	weinen
|-|	schläft
=:-)	Hohlkopf

5 „Chat-Kürzel" und „Smilies" im Internet.

3 *Versucht mithilfe von Abbildung 3 die Namen in Abbildung 4 zu entziffern.*

4 *Malt mit den Hieroglyphen euren eigenen Namen.*

5 *Entwickelt allein oder in Gruppen eine eigene Bilderschrift. Schreibt einen Satz in eurer Bilderschrift an die Tafel. – Welche Schwierigkeiten ergeben sich für die Klasse diesen Satz zu lesen?*

6 *Achtet in eurer Schule, aber auch in anderen öffentlichen Gebäuden, in Zügen, Bussen usw. darauf, welche Bildzeichen dort angebracht sind. Erklärt, warum diese Zeichen jeder versteht.*

7 *Malt diese Zeichen ab und schneidet entsprechende Zeichen aus Prospekten, Illustrierten usw. aus. Fertigt damit eine Wandzeitung für euer Klassenzimmer.*

8 *Versucht mithilfe der Übersicht 5 die Schriftzeichen im Internet zu entschlüsseln. Vergleicht sie hinsichtlich ihrer Entstehung und Erschließbarkeit mit dem ägyptischen Alphabet.*

Lesetipp:
Rudolf Majonica: Das Geheimnis der Hieroglyphen. Die abenteuerliche Entschlüsselung der ägyptischen Schrift. dtv, München.

Alltag im alten Ägypten

1 Nofretete. Die Büste* wurde 1912 bei Ausgrabungen entdeckt und steht heute im Ägyptischen Museum in Berlin.

2 Hatschepsut. Die Pharaonin trägt die Krone Oberägyptens mit der Königskobra.

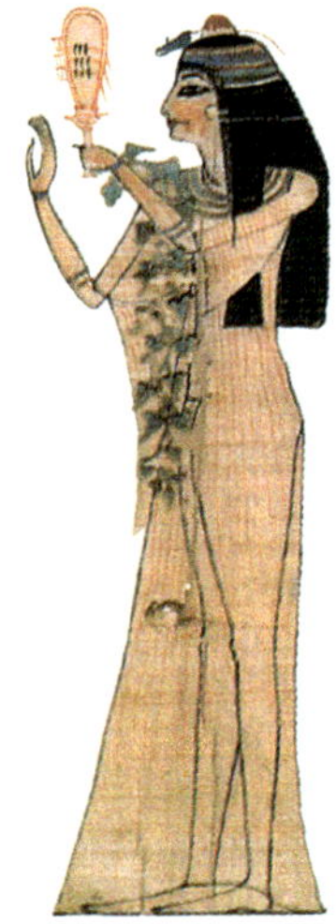

3 Tempelpriesterin. In der Hand hält sie das Sistrum, eine bei kultischen Handlungen verwendete Rassel.

Büste*: *plastische Darstellung eines Menschen vom Kopf bis zur Schulter*

Schep en sehemet* *(ägypt.): Preis für die Heirat einer Frau.*

Ehepaar bei der Feldarbeit. *Grabmalerei, um 1500 v. Chr.*

Melkende Bäuerin. *Modell, um 2000 v. Chr.*

Die Königsgattinnen

Im alten Ägypten leitete sich das Ansehen der Königsfrauen aus ihrer Beziehung zum König ab. In fast 3000 Jahren Geschichte gab es gerade einmal vier weibliche Königinnen. Ansonsten blieb das Amt des Pharaos männlich besetzt.

Die bekannteste ägyptische Königin ist Nofretete (1350–1334 v. Chr.). Sie war die Frau des Pharaos Echnaton und Mutter von sechs Kindern. Gleichberechtigt nahm sie neben dem Pharao an Opferhandlungen teil. Mit diesem einflussreichen Amt war auch Landbesitz verbunden, den sie bzw. ihre Erben lebenslang zugesprochen bekamen.

Nach dem Tod ihres Mannes Thutmosis II. führte Hatschepsut (1490–1468 v. Chr.) jahrelang die Regierungsgeschäfte für Thutmosis III., der nicht ihr eigener, sondern der Sohn einer königlichen Nebenfrau war. Sie ließ behaupten, dass sie von ihrem Mann als Nachfolgerin auserwählt und von ihm dem königlichen Hof und den Göttern vorangestellt worden sei.

1 *Überlegt, warum der Pharao seiner Frau Nofretete Landbesitz zugesprochen hat.*

2 *Sollen Kunstschätze wie die Büste Nofretetes an die Herkunftsländer zurückgegeben werden? Nehmt Stellung.*

Die Bedeutung der Ehe

Die Ägypter heirateten sehr früh. Die Mädchen waren in der Regel erst 12 oder 13, die Jungen oft nicht älter als 15 Jahre. Obwohl der Begriff „Eheschließung" in den frühen Quellen nicht auftaucht, wird man annehmen können, dass das Ehepaar vor einem Beamten des Pharaos erschien, der den Namen und den Besitz von Mann und Frau aufschrieb.

In einer Eheerklärung aus dem 7. Jahrhundert v. Chr. hieß es:

Q1 … Ich habe dich zur Ehefrau genommen. Ich habe dir [*hier wird eine Geldsumme genannt*] gegeben als dein schep en sehemet*. Wenn ich dich als Ehefrau verstoße, sei es, dass ich dich hasse, sei es, dass ich eine andere Frau als Ehefrau statt deiner will, werde ich dir [*hier wird eine Geldsumme genannt*] geben …, abgesehen von [*hier wird eine Geldsumme genannt*], die ich dir als dein schep en sehemet gegeben habe. … Und ich gebe dir den dritten Teil von allem und jedem, was zwischen dir und mir sein wird von diesem Tage an. …

3 *Nennt die Gründe für das mögliche Scheitern der Ehe, die der Vertrag angibt. Beurteilt eine solche Abmachung.*

Der Alltag: Familie und Wohnen

4 **Haus eines vornehmen Ägypters.**
Rekonstruktionszeichnung.

Wie wohnten die Ägypter?

Die Häuser der reichen und der armen Ägypter wurden aus ungebrannten Lehmziegeln gebaut, die im Sommer die Häuser kühl und im Winter warm hielten. Bilder in Gräbern zeigen prächtige Häuser, in denen reiche Ägypter wohnten. Solche Häuser hatten drei Bereiche: einen Wohnraum, einen Empfangsraum und den Schlafbereich, der mit einem Bad und einer Toilette ausgestattet war. Das ganze Haus war weiß gestrichen, die Türpfosten bunt. Die Häuser der Reichen hatten oft einen eigenen Brunnen, sonst versorgte man sich aus öffentlichen Brunnen mit Wasser. Die Wasserversorgung und die Entsorgung des Abwassers wurden sorgfältig überwacht, nichts wurde verschwendet.

Über die Wohnungen der Armen wissen wir wenig. Die Ausgrabung einer Arbeitersiedlung zeigt, dass die Armen auf engem Raum in kleinen Häusern lebten und mit Wasser sehr viel schlechter versorgt waren als die Reichen.

4 *Beschreibt das Haus des reichen Ägypters (Abb. 4).*

Die Familie

Viele Überlieferungen betonen die Bedeutung der Familie. Der Sinn der Ehe lag darin, Kinder zu bekommen und aufzuziehen. So bemerkte ein griechischer Schriftsteller mit Verwunderung, dass den Ägyptern jedes Kind willkommen war und keines – im Gegensatz zu Griechenland – ausgesetzt wurde. Nach der Meinung der Forschung gab es im alten Ägypten bereits eine feste Rollenverteilung. Der Mann ging seinem Beruf außerhalb des Hauses nach, als Beamter, auf dem Feld oder in der Werkstatt. Die Frau führte den Haushalt und sorgte sich um die Kindererziehung. In vielen armen Familien konnte der Mann mit seiner Arbeit die Familie nicht allein ernähren. Deshalb arbeitete auf dem Land die Frau auch auf dem Feld. In der Stadt konnten Frauen auch als Blumenbinderin, Weberin oder Spinnerin arbeiten. Manche Frauen spezialisierten sich auf die Herstellung von Parfüms und Perücken oder auf die farbige Bemalung von Papyrus, dem Schreibmaterial der Ägypter. In Darstellungen reicher und vornehmer Familien erscheinen Frauen an der Seite ihres Mannes. Diese Frauen werden dort als „Herrin des Hauses" bezeichnet. Sie organisierten und kontrollierten die Arbeit von Dienerinnen und Dienern im Haushalt. Sie durften eigenes Vermögen besitzen und erben. Bei einer Scheidung erhielten sie ein Drittel des Familienbesitzes. Hauptnahrungsmittel der Ägypter waren Weizen und Gerste, mit denen sie Brot backten und Bier brauten.

5 *Fasst die unterschiedlichen Aufgaben von Mann und Frau zusammen.*

Schönheitspflege
Viele Eigennamen der Ägypter sind mit dem Wort „nefer" (schön) gebildet, wie z. B. Nofretete. Die vornehmen Ägypter liebten Schönheit und Mode. Männer und Frauen trugen z. B. Augenschminke aus Mineralien. Zahlreiche erhaltene Kämme, Spiegel und Schminkgefäße zeigen, wie viel den Ägyptern an der äußeren Erscheinung lag. Gedichte und Lieder priesen das Schönheitsideal im alten Ägypten. In einem Lied heißt es z. B.: „Lege Myrrhe auf dein Haupt und kleide dich in schöne Gewänder."

Kupferspiegel: *Die polierten Spiegel wurden am Hof des Pharaos benutzt.*

Dienerin. *Die Holzfigur trägt auf dem Kopf einen Kosmetikbehälter für reiche Damen.*

Methode: Geschichte selbst präsentieren

Formen der Präsentation
Im vorigen Kapitel habt ihr gelernt Informationen zu einem bestimmten geschichtlichen Thema zu beschaffen (siehe S. 44/45). Jetzt geht es darum, die gewonnenen Informationen in geeigneter Weise an andere weiterzuvermitteln und anschaulich zu präsentieren.
Eine Möglichkeit wäre ein mündlich vorgetragener Bericht oder ein Referat, das vor allem durch den Einsatz von geeignetem Anschauungsmaterial (Bilder, Schaubilder, Karten, Gegenstände) für die Zuhörer verständlich und interessant wird.
Mehr Zeit und Mühe verlangt die Anfertigung einer Dokumentation, beispielsweise in Form einer Wandzeitung, oder eine Collage auf einer Plakatwand sowie die Zusammenstellung und Durchführung einer Ausstellung.
Für Schülerinnen und Schüler, die schauspielerisches Talent besitzen, kann es spannend sein, das gesammelte Material zu einem Rollen- oder Theaterspiel umzugestalten, ein Drehbuch zu schreiben, Kostüme und Bühnenbilder zu entwerfen und sogar auf einer Bühne vor Zuschauern aufzuführen. Dabei werden geschichtliche Informationen auf lebendige und unterhaltsame Weise dargeboten.
Großen Zeitaufwand, gute Organisation und technisches Geschick erfordert es, ein Hörspiel oder vielleicht sogar einen Videofilm herzustellen und vorzuführen. Häufig lassen sich auch die verschiedenen Formen der Vermittlung und Darbietung von geschichtlichen Informationen miteinander verbinden.
Für welche ihr euch entscheidet, hängt von verschiedenen Bedingungen ab, unter anderem von den räumlichen und technischen Voraussetzungen.

Vorbereitung einer Präsentation
Bevor sich ein Schüler/eine Schülerin, eine Arbeitsgruppe oder Klasse für eine bestimmte Form der Präsentation entscheiden, müssen folgende Fragen geklärt werden:
- Welche Möglichkeiten der Präsentation eignen sich für das gewählte Thema?
- Was geben die gesammelten Materialien (Texte, Bilder, Gegenstände ...) her?
- Welcher Personenkreis (Mitschüler/-innen, Eltern, größere Öffentlichkeit) soll mit der Präsentation angesprochen werden?
- Was trauen sich der einzelne Schüler/die einzelne Schülerin, die Arbeitsgruppe, die Klasse zu? Brauchen sie Unterstützung (z. B. von Lehrkräften anderer Fächer wie Kunst und Musik)?
- Wie viel Zeit steht für das Projekt zur Verfügung?
- Welche Kosten sind damit verbunden? Wie lassen sie sich finanzieren (über Elternspenden, Eintrittsgelder, Verkauf von Gegenständen)?
- Welche technischen oder organisatorischen Bedingungen (z. B. Kopierer, Projektor, Videokamera, Bühne) müssen erfüllt sein?

Am Beispiel des Themas „Alltag von Frauen, Männern und Kindern im alten Ägypten“ wollen wir nun eine Form der Informationsvermittlung und Präsentation ausprobieren.

Eine Wandzeitung gestalten

1 Beispiel einer Wandzeitung.

Beispiel „Schreiber"
Nehmen wir einmal an, euer Thema ist der Alltag der Bevölkerungsgruppe „Schreiber" im alten Ägypten und ihr wollt dazu eine Wandzeitung herstellen. Vorab muss klar sein: Eine Wandzeitung schaut der Betrachter im Stehen oder auch mal nur im Vorbeigehen an. Also: Wenige und überschaubare Texte, dazu einige möglichst großformatige Abbildungen und das Ganze übersichtlich anordnen!
In folgender Reihenfolge könnt ihr vorgehen:

1. Schritt
Informationen auswählen

Was ist wichtig, was kann weggelassen werden? Was soll als Text, was im Bild, Schaubild oder in einer Tabelle dargestellt werden?

2. Schritt
Gestaltung überlegen

Wie soll die Schrift aussehen (Druck- oder Schreibschrift, Größe, Farbe)? Welche Bilder sind geeignet und wie werden sie angeordnet? Welche Zeichnungen, Tabellen oder Schaubilder sollen angefertigt werden und an welchen Platz sollen sie kommen?

3. Schritt
Material bereitstellen

Welches Material wird benötigt (Tapete, Pappe, Transparentpapier, Stifte, Kleber, Heftzwecken, Stecknadeln, Scheren, Lineal usw.)? Wer besorgt es?

4. Schritt
Arbeit verteilen und durchführen

Wer möchte Texte schreiben, Bilder ausschneiden und beschriften, Zeichnungen, Tabellen anfertigen usw.? Sprecht euch untereinander ab. Wichtiger Hinweis: Bilder, Texte usw. nicht sofort festkleben, sondern erst alles lose auflegen!

5. Schritt
Wandzeitung präsentieren

Wandzeitung aufhängen und den anderen Gruppen vorstellen (präsentieren).

Der Glaube der Ägypter

1 **Totengericht.** Malerei auf einer Schriftrolle, um 1400 v. Chr.

Ägyptische Götter:

Isis, die Muttergöttin

Osiris, Herrscher des Totenreiches

Horus, der Königsgott

Der ägyptische ▶ Vielgötterglaube

Im alten Ägypten gab es eine Vielzahl von Göttinnen und Göttern. Für jeden Lebensbereich war eine Gottheit zuständig. So glaubte man, dass Osiris im Totenreich herrschte. Besonders beliebt war Isis, die Muttergöttin, weil sie allen Frauen half. Ptah war der Schutzgott der Handwerker und die Mondgottheit Thot wurde als Gott des Schreibens, Wissens und Berechnens verehrt.

Auch die Pharaonen hatten einen Schutzgott. Der Königsgott Horus, das heißt übersetzt „der Ferne", besaß im regierenden Pharao seine menschliche Gestalt. Gleichzeitig galt jeder Pharao als Sohn des Sonnengottes Re, der nach der Vorstellung der Ägypter die Welt erschaffen hatte. So nahm der Pharao selbst den Rang eines Gottes ein.

Wie die Menschen in der Jungsteinzeit sahen auch die Ägypter in natürlichen Erscheinungen wie der Sonne oder dem Mond göttliche Mächte. Viele Tiere, deren Fähigkeiten bewundert wurden, galten als heilig, so z. B. das Krokodil oder der Falke. Die Götter hatten ursprünglich oft Tiergestalt. In dem Maße, in dem es die Ägypter lernten, ihre Umwelt zu verstehen, nahmen ihre Götter zum Teil menschliche Gestalt an oder Tier- und Menschengestalt vermischten sich.

1 *Beschreibt die in den Bildern dargestellten ägyptischen Gottheiten.*

2 *Fasst zusammen, warum die Untertanen dem Pharao gehorsam sein mussten.*

Die Sorge für das Leben nach dem Tod

Die Ägypter glaubten an ein Weiterleben nach dem Tod. Sie waren überzeugt, dass die Verstorbenen im Jenseits ein Leben führten, das dem auf der Erde glich. Der Körper sollte erhalten bleiben, damit die Seele, die beim Tod den Körper verließe, jederzeit zurückkehren konnte.

Deshalb entwickelten die Ägypter die Mumifizierung. Dabei entnahm man die inneren Organe um den Verwesungsprozess zu stoppen. Später legte man auch Natron in die Leiche, damit sie künstlich austrocknete. Abschließend wurde der Leichnam mit Baumharz oder Myrrhe gesalbt und mit Leinentüchern umwickelt. Als Einbalsamierungsgott galt der schakalköpfige Totengott Anubis. Besonders wichtig war die Erhaltung der Mumie des Pharaos, denn er sollte im Jenseits weiterhin für die Untertanen sorgen.

Der Mumie wurde alles mit ins Grab gegeben, was sie vorher im Leben gewohnt waren: Essen und Trinken, Möbel und Geräte, Kleidung und Schmuck.

Das Leben nach dem Tod war aber nur für die erreichbar, die im Totengericht von den Göttern aufgenommen wurden. Danach müssen sich die Menschen nach ihrem Tod vor einem Gericht der Götter für ihre Lebensführung verantworten.

3 *Vergleicht die Vorstellungen in euren Religionen vom Leben nach dem Tod mit den Vorstellungen der Ägypter. Zieht auch die Abbildung 1 heran.*

Pyramiden – Wohnungen für die Ewigkeit

Die Pharaonen – Herrscher auch nach dem Tod

Nach dem Glauben der Ägypter konzentrierte sich die ganze Macht in der Person des Pharaos (siehe S. 61). Er sorgte für sein Volk selbst über den Tod hinaus. Seine Verbindung mit dem Sonnengott Re sollte deshalb auch in seiner „Wohnung nach dem Tod" zum Ausdruck kommen. Aus diesem Glauben heraus entstanden im Alten Reich die Pyramiden.

Wer baute die Pyramiden?

Nach heutigen Berechnungen waren beim Bau einer Pyramide etwa 4000 Facharbeiter 20 Jahre lang beschäftigt. Sie wohnten in eigens angelegten Dörfern in kasernenähnlichen Unterkünften. Eine Inschrift aus der Zeit Ramses IV. (12. Jahrhundert v. Chr.) gibt einen Hinweis darauf, dass von 9262 Männern, die in die Steinbrüche des Wadi Hamamat gesandt wurden, 900 nicht mehr zurückkehrten; sie waren in der Wüste ums Leben gekommen.

Über den Bau der Cheops-Pyramide berichtete der griechische Geschichtsschreiber Herodot 450 v. Chr.:

Q ... Cheops zwang alle Ägypter für ihn zu arbeiten. Die einen mussten Steinblöcke aus den Steinbrüchen bis an den Nil schleppen. Dann wurden die Blöcke auf Schiffen über den Fluss geschafft. Andere mussten die Steine dann weiterschleifen bis zu den lybischen Bergen. Mit dieser Arbeit waren 100 000 Mann gruppenweise beschäftigt, jede Gruppe drei Monate.
Zehn Jahre dauerte allein der Bau der Straße, auf der sie die Steine beförderten. Dieses Werk erscheint mir fast so gewaltig wie der Bau der Pyramide selber, denn die Straße ist 1000 Meter lang und 18 Meter breit. An der Pyramide selbst arbeitete man 20 Jahre. ...

Ein heutiger Geschichtswissenschaftler äußerte sich über den Pyramidenbauer Cheops so:

M ... Im Übrigen müssen wir uns den Pyramidenbau so vorstellen, dass die Hauptbauzeit in die Überschwemmungsmonate fiel. In ihnen konnte ein Großteil des Baumaterials auf dem bequemen Wasserweg herbeigeschafft werden. Das war ohnehin die gleiche Zeit, in der die bäuerliche Bevölkerung unbeschäftigt war. Indem sie der König zur Arbeit verpflichtete, übernahm er zugleich die Fürsorge für ihren Unterhalt. Hier ... kann von einer Versklavung des Volkes keine Rede sein. ...

Wie wurden die Pyramiden gebaut?

Kräne oder andere technische Hilfsmittel standen den Ägyptern zum Bau der Pyramiden nicht zur Verfügung. Zunächst wurden die Himmelsrichtungen bestimmt, dann der spätere Platz für die Pyramide vermessen, eingeebnet und die Grabkammern angelegt. Arbeiter schafften mit hölzernen Schlitten Kalksteinblöcke herbei und legten die erste Schicht. Über Erdrampen zogen sie die Schlitten zum Bau der weiteren Schichten hoch.

Das „Tal der Könige"

Seit dem Mittleren Reich ließen die Pharaonen ihre Gräber im „Tal der Könige" (siehe Karte 2, S. 60) in Felsen einhauen. 1922 wurde hier das Grab des Pharaos Tutanchamun (1333–1323 v. Chr.) gefunden. An ihm konnte man deutlich erkennen, wie kostbar diese Gräber ausgestattet waren.
Allein der innerste der drei Särge, in dem die Mumie des Königs lag, wog 110 kg und bestand aus reinem Gold; dieser Wert entsprach etwa dem Monatslohn von 35 000 Handwerkern. Kein Wunder, dass vor allem in Notzeiten diese Gräber aufgebrochen und beraubt wurden.

1 *Fasst schriftlich zusammen, welche technischen und wirtschaftlichen Voraussetzungen für den Pyramidenbau vorliegen mussten.*

2 *Auch in Mittel- und Südamerika gibt es Pyramiden. Informiert euch darüber im Lexikon und berichtet eurer Klasse.*

Bestattung einfacher Leute

Nur die Pharaonen konnten sich solche Grabstätten bauen lassen. Die Ärmsten der Bevölkerung wurden im Wüstenboden verscharrt. Wohlhabende sparten bereits zu Lebzeiten für die Bestattung.

Das Totenbuch

Die Ägypter legten den Verstorbenen ein Totenbuch in das Grab. Es sollte ihnen bei der Rechtfertigung vor dem Totengericht behilflich sein. Auszüge aus einem Totenbuch sind uns überliefert: „Ich habe niemanden zum Weinen gebracht. Ich habe nicht getötet. ... Ich habe die Speise in den Tempeln nicht geschmälert. ... Ich habe am Ackermaß nichts vermindert. Ich gab Brot dem Hungrigen und Wasser dem Durstigen, eine Fähre dem, der ohne Schiff war."

Pyramiden – Wohnungen für die Ewigkeit

Djoser:*
Er wird 2650 v. Chr. König und konstruiert bei Sakkara die erste Stufenpyramide.

Sarkophag:*
(Stein-)Sarg, Prunksarg

Um 2550 v. Chr.:
Der Pharao Cheops lässt bei Giseh die große Pyramide erbauen.

2 300 000 Steine – die Cheops-Pyramide
2630 v. Chr. wurde die erste Pyramide als Stufenpyramide für den König Djoser* gebaut. Über sechs gewaltige Stufen sollte der König zum Sonnengott Re hinaufsteigen. Später entstand die uns heute bekannte Pyramidenform. Die Pyramide des Pharaos Cheops (um 2550 v. Chr.) ist der gewaltigste Steinbau der Welt. Sie ist 146 m hoch und an jeder Seite 230 m lang, 2 300 000 Steine sind in dieser Pyramide verbaut. Jeder Stein wiegt 2,5 Tonnen. Zum Vergleich: Ein Mittelklassewagen wiegt etwa 1 Tonne. Würden alle Steine der Cheops-Pyramide auf einen Containerzug verladen, dann würde dieser Güterzug von Athen bis München reichen.

1 *Fasst zusammen, warum die Ägypter Pyramiden bauten.*

Im Innern einer Pyramide
Der Eingang der meisten Pyramiden war nach Norden gerichtet. In die Pyramide des Cheops führte ein Schacht vom Eingang zur großen Halle und von dort weiter zur großen Grabkammer. Hier lag der Pharao mit all seinen Grabbeigaben bestattet. Große Granitblöcke vor der Grabkammer und in die Irre führende Gänge sollten Grabräuber von den reichen Schätzen abhalten. Aber bereits um 1000 v. Chr. waren alle Pyramiden ausgeraubt. Die große Halle der Cheops-Pyramide misst 47 m Länge und 8,5 m Höhe. Der Sarkophag* des Pharaos konnte wegen seiner Breite unmöglich durch die Halle in die Grabkammer befördert worden sein.

2 *Stellt Vermutungen an, wie der Sarkophag der Cheops-Pyramide an seinen Platz kam.*

3 *Grabräuber sollen oft dem Fluch des Pharaos zum Opfer gefallen sein. Was haltet ihr davon?*

Ein Blick hinein
Dieses Modell der großen Pyramide erlaubt einen Blick ins Innere. Es zeigt die ursprüngliche Kalksteinverkleidung, die im Mittelalter abgetragen wurde, um die Stadt Kairo zu verschönern. Die unterste Kammer, die schon in den Felsen geschnitten war, könnte die zunächst geplante Grabkammer oder ein Irrgang sein, um Grabräuber zu täuschen. Der Zentralraum ist vermutlich eine weitere aufgegebene Grabkammer. Über dem Raum, in dem Cheops schließlich begraben wurde, sind fünf Kammern ausgespart, um das Gewicht der Steine besser zu verteilen.

1 **Querschnitt durch die Cheops-Pyramide.** Rekonstruktionszeichnung.

Pyramiden – Wohnungen für die Ewigkeit

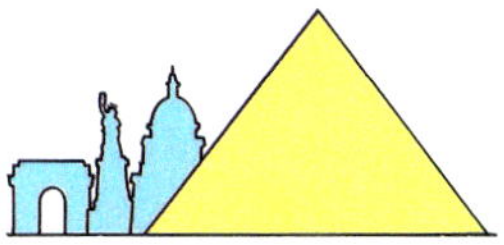

2 Mit 146 Metern ist die große Pyramide höher als der Triumphbogen in Paris (49,5 m), die Freiheitsstatue in New York (92 m) und die Kathedrale St. Paul in London (110 m).

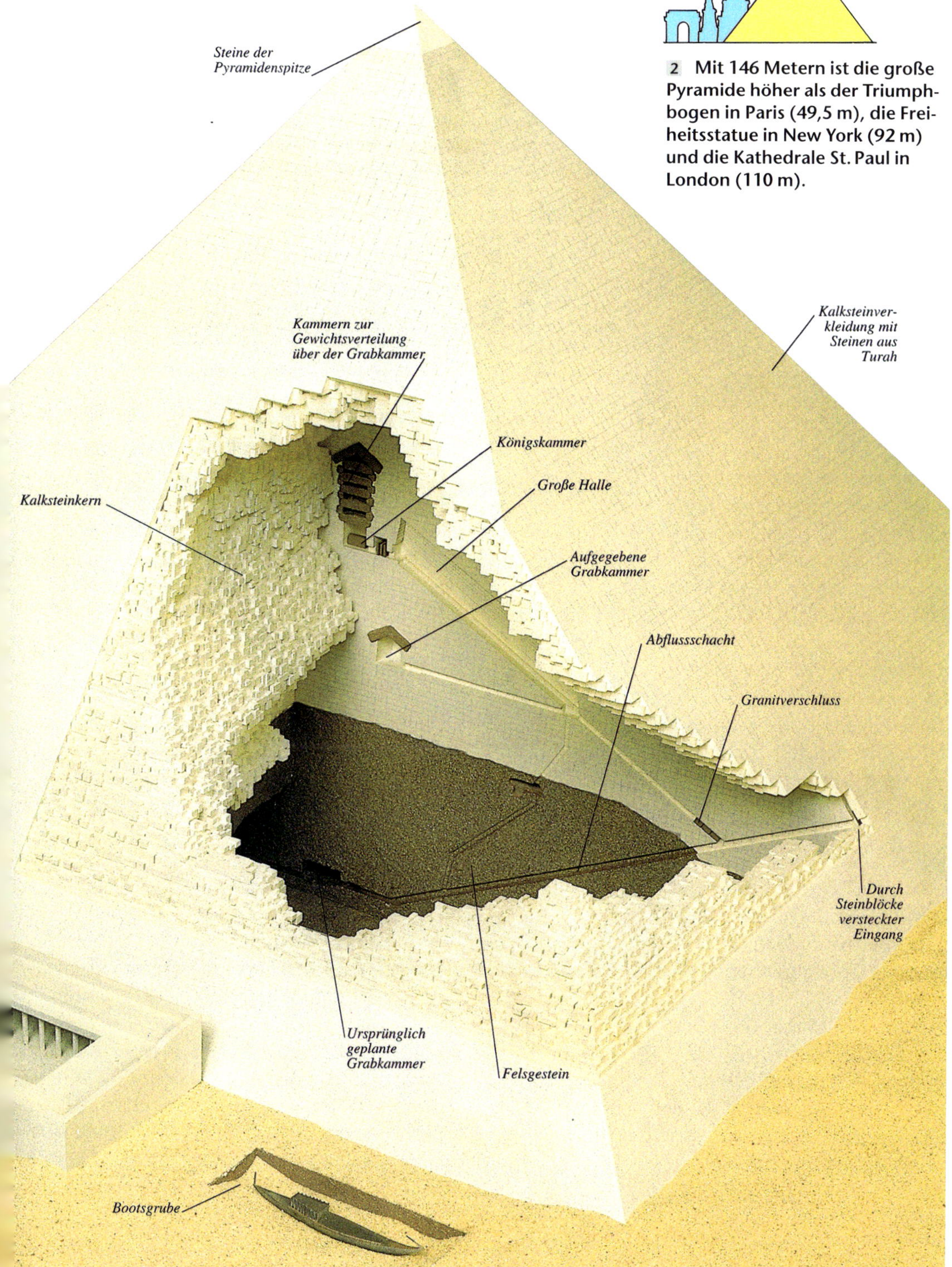

Internettipp:
Einen virtuellen Rundgang durch die Cheops-Pyramide könnt ihr im Internet machen:
www.pbs.org/wgbh/nova/pyramid

Werkstatt Geschichte: Expedition in den Steinbruch

Das große Geschichtsspiel
Auf dieser Doppelseite ist ein ägyptischer Papyrus abgebildet, der vor etwa 3200 Jahren entstand. Er enthält den Plan eines Wüstentales in der Ostwüste, das Wadi Hamamat. In diesem Plan sind die Lagerstätten des Goldes, Brunnen und Straßen, die Hütten der Arbeiter und kleine Heiligtümer eingezeichnet. Die folgenden Spielelemente wurden nachträglich hinzugefügt:

Spielanleitung
- Am besten spielt ihr dieses Spiel zu zweit.
- Du brauchst einen Würfel und für jeden Teilnehmer einen Spielstein.
- Weil es bei einer Expedition in den Steinbruch langsam vorangeht, musst du eine Eins würfeln, um starten zu können (beim Pfeil).
- Sieger ist, wer als Erster den Tempel der Göttin Hathor erreicht hat.
- Auf deinem Weg kommst du an verschiedenen Zeichen vorbei. Sie helfen dir entweder schneller voranzukommen oder sie verlangsamen deine Reise. Sie haben folgende Bedeutung:

Der Steinbohrer. Du hast gute Arbeit geleistet und darfst ein Feld vorrücken, wenn du den Namen des Pharaos weißt, der dich zusammen mit 9261 Männern hierher schickte. (Überprüfe deine Antwort auf S. 71.)

Der Opfertisch. Du hast im Tempel die Göttinnen und Götter durch Opfer milde gestimmt. Du darfst drei Felder vorrücken, wenn du den Namen einer Göttin oder eines Gottes nennen kannst.

Der Pharao. Der Pharao hat dich zum obersten Beamten ernannt. Du darfst deshalb die Abkürzung durch den Goldminenweg nehmen, wenn du deinen Titel kennst. (Kontrolliere deine Antwort anhand des Schemas auf S. 63).

Steinschlag. Nur wer eine Eins oder Zwei würfelt, darf hier weiter.

Totengott. Du bist auf dem Rückweg vom Wadi Hamamat nach Hause und denkst an die 900 Steinbrucharbeiter, die bei dieser Expedition ums Leben gekommen sind. Nenne mindestens zwei Gründe, die zu ihrem Tod geführt haben könnten. Sonst: zweimal aussetzen.

König Ramses IV. hat hier für die Durstigen einen Brunnen gebaut. Du hast dich erfrischt und kannst jetzt noch bei den Arbeitern am Rosengranitweg vorbeigehen.

Arbeiter. Du triffst auf Arbeiter und unterhältst dich mit ihnen. Da du die Cheops-Pyramide selber gesehen hast, berichtest du davon und erzählst, wie hoch sie ist und wie viele Arbeiter vermutlich mit ihrem Bau beschäftigt waren. (Lies dazu nochmals S. 71.) Setze einmal aus.

Frauen. Du triffst auf einige Frauen, rücke zwei Felder vor, nachdem du die rechtliche Stellung der Frau im alten Ägypten erklärt hast (siehe S. 66).

Das Zeichen für **Gold.** Hier mündet der Goldminenweg in die Tempelstraße. Es wird kontrolliert, ob du etwas gestohlen hast: zweimal aussetzen.

Ein fertiger **Felsblock** ist von seinem Schlitten gerutscht und versperrt den Weg. Du musst durch den Krummen Weg zurück auf die Hauptstraße und nochmals beginnen. Ein Schreiber zeigt dir aber einen kleinen Durchgang, wenn du ihm innerhalb von drei Minuten deinen Namen in Hieroglyphen aufmalen kannst. Nimm dazu die Abbildung 3 auf Seite 65 zu Hilfe.

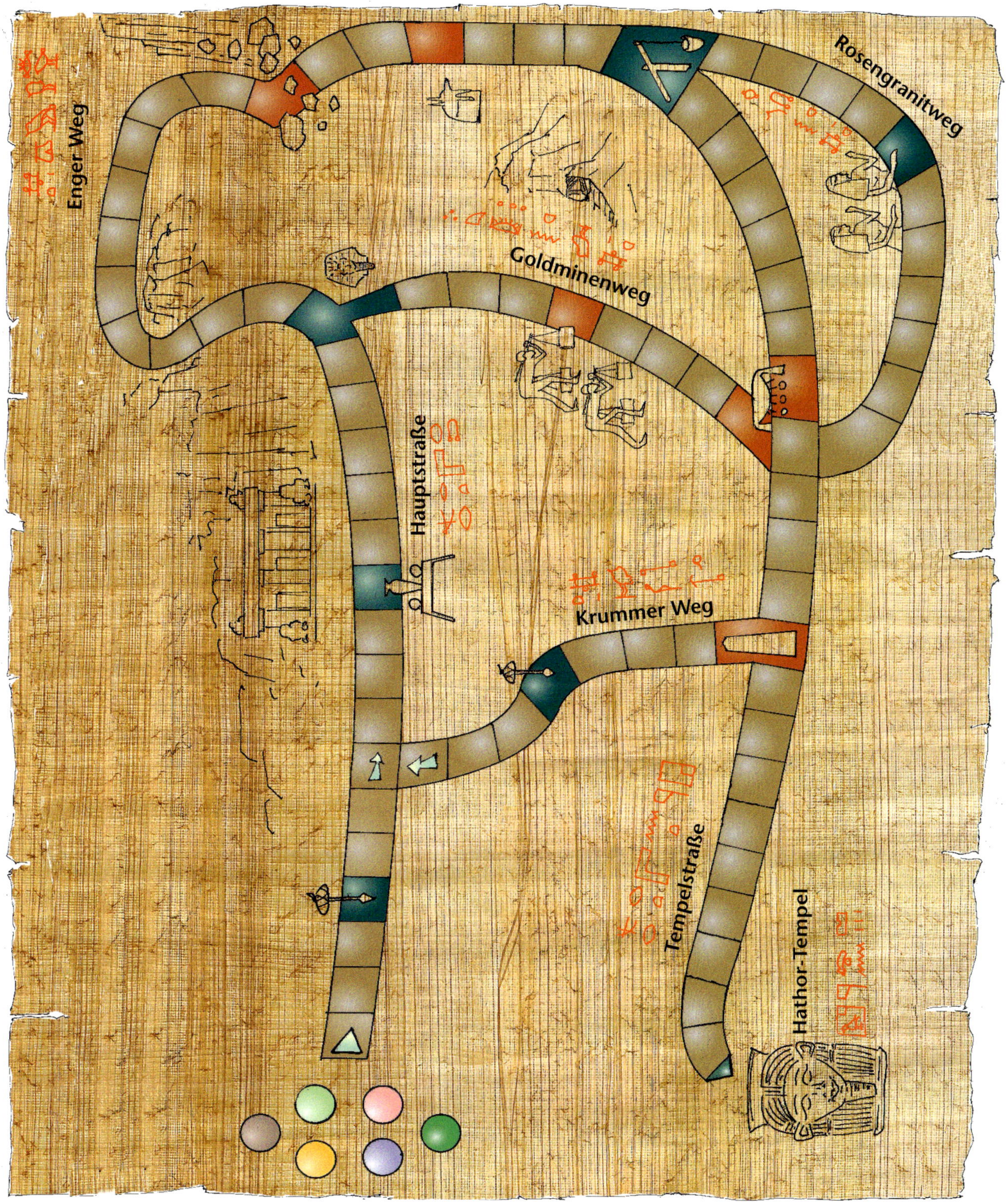
Enger Weg
Rosengranitweg
Goldminenweg
Hauptstraße
Krummer Weg
Tempelstraße
Hathor-Tempel

Mesopotamien

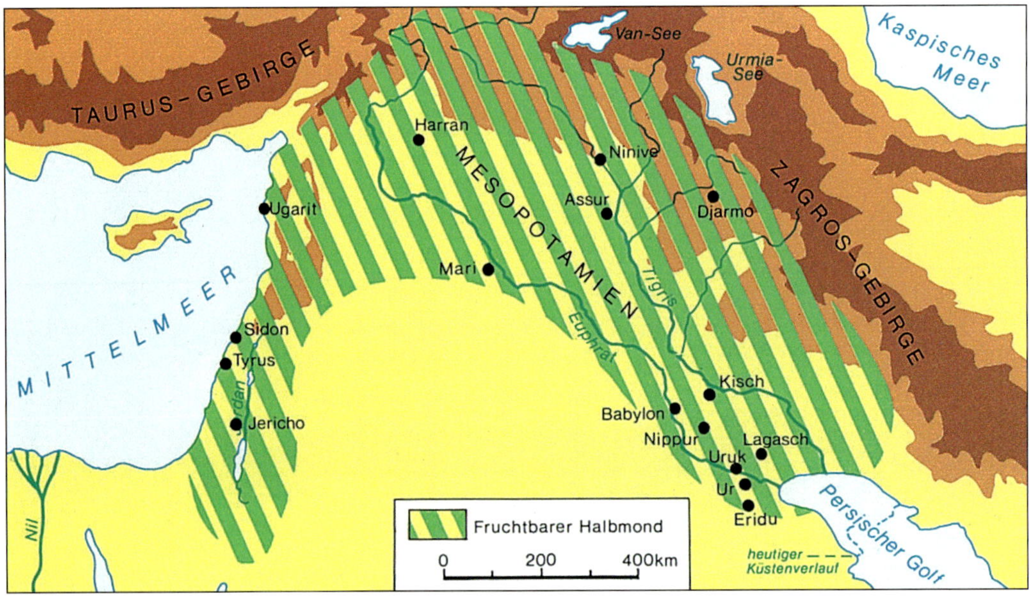

1 Der Vordere Orient zur Zeit der frühen Hochkulturen, um 3000 v. Chr.

Die Hochkultur in Mesopotamien

Mesopotamien heißt wörtlich übersetzt „zwischen den Flüssen". Dieses Gebiet zwischen den Flüssen Euphrat und Tigris gehört heute zu den Ländern Irak, Iran und Syrien. Im 5. Jahrtausend v. Chr. siedelten hier die Sumerer, ein Bauernvolk aus den gebirgigen Gegenden im Osten oder Nordosten Mesopotamiens.

In jedem Frühjahr wurden weite Teile der Flusslandschaft überschwemmt. Wenn die Fluten wieder zurückgingen, blieben fruchtbare Lehmablagerungen zurück, auf denen Getreide und Gemüse in Fülle wuchsen. Allerdings mussten die Saaten und Pflanzen bewässert werden, denn die heißen Sommer trockneten das Tiefland zu einer Lehmwüste aus. Gemeinsam gingen die Sumerer daran, das Bewässerungsproblem zu lösen. Sie zogen Kanäle und Gräben und bauten Dämme zum Schutz vor Hochwasser. Immer größere Flächen konnten so zum Anbau von Getreide, Gemüse und Obst gewonnen werden. Die Bauern ernteten mehr, als sie selber brauchten. Vorräte konnten angelegt werden und es mussten sich nicht mehr alle Menschen mit dem Ackerbau beschäftigen. Der Weg zur Arbeitsteilung war frei.

Zikkurat*: *Stufenturm; Tempelanlage der Sumerer*

Die Städte der Sumerer

Immer mehr Menschen kamen in das fruchtbare Land und schon um 3000 v. Chr. bauten die Sumerer große Städte, die durch Mauern geschützt waren. Jede Stadt wurde von einem Stadtkönig regiert, der zugleich oberster Priester war. Deshalb nannte man ihn Priesterkönig. Die Wohlhabenden und Herrschenden hatten sich in ihren Vierteln prächtige Wohnsitze aus Lehmziegeln errichten lassen. In anderen Stadtteilen bauten Handwerker und Händler an den Straßen und Gassen dicht an dicht ihre Werkstätten und Geschäfte. Sie waren meistens direkt mit den Wohngebäuden verbunden.

Die Tempel der Götter

In den Zentren der Städte fand man große Tempelanlagen. Dazu gehörte fast immer ein Stufenturm, eine so genannte Zikkurat*. Die Zikkurat waren nach dem Glauben der Sumerer der Weg, auf dem Priester und König zu den Göttern gelangen und umgekehrt die Götter zu den Menschen herabsteigen konnten.

1 *Vergleicht die Situation in Mesopotamien mit der in Ägypten. Listet Gemeinsamkeiten und Unterschiede auf.*

Hochkultur zwischen Euphrat und Tigris

Die erste Schrift entsteht

Priester, Verwaltungsbeamte, Kaufleute – sie alle waren darauf angewiesen, ihre Steuern, Verwaltungsvorgänge und Geschäfte irgendwie festzuhalten. Aus dieser Notwendigkeit entstand die sumerische Keilschrift.
Einfache Notizen, Zeichen und Bilder wurden mit einem Griffel aus Rohr in weiche Tontäfelchen geritzt. Aus ihnen entwickelten sich im Laufe der Zeit die sumerischen Schriftzeichen. Sollten die Notizen aufbewahrt werden, wurden die Tontafeln gebrannt. Deshalb blieben einige bis heute erhalten. Da der Griffel einen keilförmigen Eindruck in den Täfelchen hinterließ, bezeichnen wir die sumerische Schrift als „Keilschrift". Sie ist vermutlich älter als die ägyptischen Hieroglyphen.

Die Gesetze des Hammurabi

Im Verlauf der Jahrhunderte erlebte das Land um Euphrat und Tigris eine wechselvolle Geschichte. Die Stadtstaaten bekriegten sich und häufig griffen Nomadenstämme die reichen Städte an. Die Stadtkönige sicherten ihre Städte durch Mauern und Soldaten. Dennoch gelang es mehrfach Nomadenstämmen, die Macht in den Stadtstaaten an sich zu reißen.
Auf diese Weise wurde auch König Hammurabi Herrscher über die Stadt Babylon (siehe Karte 1). Von hier aus unterwarfen er und seine Soldaten um 1700 v. Chr. Nord- und Südmesopotamien. Hammurabi vereinte die Gebiete im babylonischen Großreich. Aus seiner Herrschaftszeit stammt die größte Sammlung von Gesetzen, die aus jener Zeit bekannt ist. Auf einer Säule ließ Hammurabi 282 Gesetze einmeißeln und öffentlich aufstellen. Er selbst hatte sich auch zum obersten Gerichtsherrn ernannt. Vorher war dies das Recht der Priester in den Tempeln gewesen. Durch seine neue Stellung konnte er selbst die Einhaltung seiner Gesetze überwachen.

In der von Hammurabi aufgestellten Gesetzessammlung heißt es unter anderem:

Q … 14. Wenn ein Bürger das Kind eines Bürgers gestohlen hat, so wird dieser Bürger getötet. …

2 Hammurabi nimmt vom Sonnengott die Gesetze entgegen. Dieser gilt als Gott der Weisheit und für die Sumerer als Richter in der Totenwelt. Basaltstein, um 1700 v. Chr.

22. Wenn ein Bürger Raub begangen hat und ergriffen wird, so wird dieser Bürger getötet.
23. Wenn der Bürger nicht ergriffen wird, so gibt der beraubte Bürger das ihm abhanden gekommene Gut vor dem Gotte an und die Gemeinde sowie der Vorsteher … erstatten ihm das abhanden gekommene Gut. …
195. Wenn ein Sohn seinen Vater schlägt, so schneidet man ihm seine Hand ab. …
200. Wenn ein Bürger den Zahn eines ebenbürtigen Bürgers ausschlägt, so schlägt man seinen Zahn aus.
201. Wenn er den Zahn eines Untergebenen ausschlägt, so zahlt er ein Drittel Mine Silber (Mine = sumerisches Gewicht). …

2 *Überlegt, was die Gesetze für das Leben der Menschen damals bedeuteten.*
3 *Stellt Vermutungen an, welche Bevölkerungsschicht von der Veröffentlichung der Gesetzestexte besonders profitierte.*
4 *Beurteilt die Gesetze Hammurabis aus heutiger Sicht.*

Einige Beispiele ***sumerischer Schriftzeichen*** *in ihrer Entwicklung:*

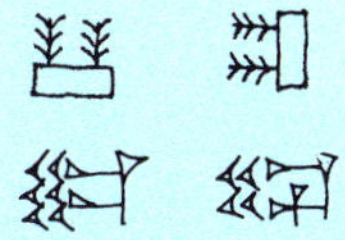

Garten

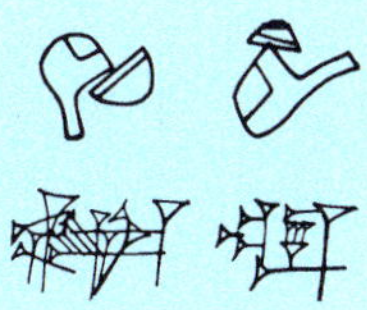

essen

Berg, Gebirge

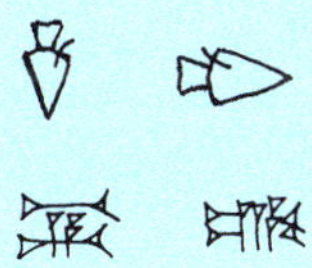

Krug

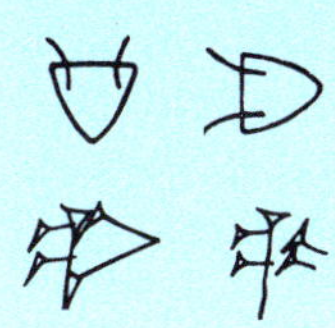

Ochse

Methode: Bilder „lesen"

1 **Kindermumie mit Porträt.** Wachsmalerei auf Holz, Hawara (Fayum), 2. Jahrhundert n. Chr.

Bilder erzählen Geschichten

Unser Wissen über die Vergangenheit gewinnen wir oft aus Bildern. An alten Fotos, Kirchenfenstern, Wand- oder Deckengemälden, Zeichnungen, Statuen oder Gemälden können wir häufig erkennen, wie die Menschen früher gelebt haben, was sie dachten, fühlten oder hofften. Oft genügt es schon, ein Bild genau zu betrachten und zu beschreiben, um beispielsweise etwas über das Alltagsleben früherer Menschen zu erfahren.
Bilder zeigen aber Menschen, Dinge oder die Natur nicht immer so, wie sie in Wirklichkeit aussahen.

Ein Beispiel: Bei dem Bild eines Ehepaares ist die Frau auffallend kleiner gezeichnet als der Mann. Es kann sein, dass sie es tatsächlich war. Häufig will der Künstler aber auch durch die Größe der Personen einen Rangunterschied zeigen. Eine Deutung ist also nicht ganz einfach. Schwierig wird es auch dann, wenn der Künstler Bildzeichen (Symbole) benutzt, die eine bestimmte Bedeutung haben. Das ägyptische Zeichen ☥ bedeutet „Leben". Wer es nicht kennt, dem bleibt rätselhaft, warum es beispielsweise eine Person auf einem Grabbild in der Hand hält.
Um ein Bild richtig zu deuten, brauchen wir also häufig zusätzliche Informationen.
Folgende Fragen werden euch helfen nicht nur ägyptischen, sondern auch anderen Bildern wichtige Informationen zu entnehmen. Wir versuchen die Fragen beispielhaft an Abbildung 1 zu beantworten.

1. Welche „Daten" des Bildes sind bekannt (Name des Künstlers, Bildtitel, Entstehungszeit)?
Angaben dazu stehen meistens neben oder unter dem zu beschreibenden Kunstwerk.
Der Künstler ist uns nicht bekannt, der Titel lautet: Kindermumie mit Porträt. Das Bild entstand im 2. Jahrhundert n. Chr.

2. Was ist dargestellt?
Das Bild zeigt eine Kindermumie mit dem Kopf eines Kindes in Form eines Porträts. Über dem Gesicht der Mumie aus römischer Zeit befindet sich ein so genanntes Mumienporträt (bemalte Holztafel). Die Wicklungen der einstmals weißen Binden sind deutlich sichtbar.

3. Was erfahren wir aus dem Inhalt und der Form der Darstellung? Zu welchem Zweck wurde das Bild geschaffen?
Durch den Einfluss der Römer, die Ägypten als Provinz in ihr Weltreich einverleibten, entwickelte sich eine sehr realistische Form der gemalten Mumienporträts.
Betrachtet man die Mumie, so fällt der Unterschied zwischen der Größe des Mädchens und der Altersdarstellung auf dem Mumienporträt auf. Das Kind verstarb mit etwa 4 bis 5 Jahren, das Gesicht weist jedoch die Gesichtszüge einer jungen Frau auf. Das Mädchen sollte als junge, gesunde und heiratsfähige Frau ins Jenseits eingehen.
Kindermumien gab es nicht nur in Ägypten. Erst 1999 fanden Archäologen im südamerikanischen Hochland auf dem Gebiet des heutigen Argentinien auf mehreren tausend Metern Höhe drei Kindermumien. Es handelt sich dabei aber nicht um präparierte Kinderleichen, sondern um dargebrachte Opfer, die durch die Höhenlage tiefgefroren und getrocknet wurden.

Zusammenfassung

Ägypten – Beispiel einer ▶ Hochkultur
Als sich das Klima in Ägypten änderte, das Land immer mehr austrocknete und alles verdorrte, zogen sich seit etwa 5000 v. Chr. die Menschen an die Ufer des Nils zurück und wurden sesshaft. Irgendwann um 3200 v. Chr. begannen die Ägypter Dämme und Kanäle zu bauen, um die Fluten des Nils auf ihre Äcker zu lenken. Sie erfanden ▶ Kalender und Schrift (▶ Hieroglyphen), bauten Städte und gründeten einen Staat mit dem ▶ Pharao an der Spitze. Eine große Zahl von Beamten war für die Verwaltung zuständig. Daneben gab es Handwerker, Künstler, Arbeiter, Priester, Wissenschaftler, die sich ihren jeweiligen Tätigkeiten widmen konnten, da die Bauern mehr produzierten, als sie selber brauchten.

Der ägyptische Staat
An der Spitze des ägyptischen Staates stand der Pharao mit einer beinahe unbegrenzten Machtfülle, von seinen Untertanen wie ein Gott verehrt. Die Verwaltung des Landes, seiner Menschen und Erträge gehörte zu den Aufgaben der Beamten. Frauen waren von der Beamtenlaufbahn ausgeschlossen. Ihnen begegnet man in der Landwirtschaft, wo sie mithelfen müssen, oder auch als Handwerkerinnen. Ihr eigentlicher Tätigkeitsbereich aber sind das Haus und die Familie. „Herrin des Hauses" wird die Frau in den Texten oft genannt, und in diesem Bereich genoss sie hohes Ansehen.

Der ▶ Vielgötterglaube der Ägypter
Im religiösen Bereich galt die Hauptsorge dem ewigen Leben im Jenseits, das man sich teilweise als Fortsetzung des diesseitigen Lebens vorstellte. Sichtbarer Ausdruck dieses Glaubens waren die Mumifizierung der Toten sowie die Pyramiden und Grabkammern, in denen der Tote wohnte, versorgt mit allem, was er „zum Leben" brauchte.

Andere Hochkulturen
Ähnlich hoch entwickelte und arbeitsteilig organisierte Staaten gab es auch an anderen großen Flüssen, so zwischen Euphrat und Tigris (Mesopotamien um 3000 v. Chr.), am Indus (um 2500 v. Chr.) und in China (um 1500 v. Chr.). Man bezeichnet sie als Hoch- oder Stromkulturen.

Zum Nachdenken
1 *Sprecht darüber, ob ihr als Bauer lieber in Ägypten oder in einem Dorf der Jungsteinzeit gelebt hättet.*

5000 v. Chr.

Nomaden besiedeln die Tiefebene des Nils.

3200 v. Chr.

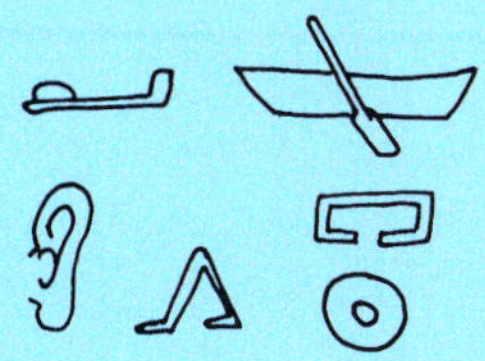

In Ägypten entsteht eine Hochkultur.

3000 v. Chr.

An der Spitze des ägyptischen Staates steht ein Pharao.

1000 v. Chr.

Ägyptens Großreich zerfällt. Ägypten wird 30 v. Chr. römische Provinz.

4. Griechenland – Wurzel der europäischen Kultur

„Werke von unsterblichem Ruhm“ werde man errichten, so soll schon der athenische Staatsmann Perikles (443–429 v. Chr.) gesagt haben, als er auf der Akropolis seiner Heimatstadt Tempel und Gebäude errichten ließ, deren Ruinen heute noch Millionen Menschen jedes Jahr bewundern.

Aber auch bei uns finden wir viele Bauwerke aus später Zeit, die die Säulenbauten der griechischen Tempel nachahmen: Museen, Theater, Kirchen und sogar Regierungsgebäude. Selbst unsere Sprache ist vom Griechischen beeinflusst worden. Begriffe wie Politik, ► Demokratie oder Polizei sind ebenso griechischen Ursprungs wie die Namen vieler Unterrichtsfächer, z. B. Biologie, Geographie, Musik oder Physik. Aber auch das Wort „Pause“ (griech. pausa = Rast, Ruhe) stammt aus dem Griechischen. Die bedeutendsten sportlichen Wettkämpfe unserer Zeit, die ► Olympischen Spiele, haben die Griechen als Erste veranstaltet.

Was die alten Griechen gedacht und erfunden haben, gilt für die Europäer seit etwa einem halben Jahrtausend als beispielhaft. Wo-her sie kamen, wie sie lebten, worüber sie sich den Kopf zerbrachen, warum sie heute noch als Vorbilder gelten, das könnt ihr auf den nächsten Seiten erkunden.

Das antike Griechenland

1 Das antike Griechenland.

Hellenen:* antike Bezeichnung für die Bewohner Griechenlands (Hellas).

Polis* *(griech. = Burg, Stadt): Bezeichnung für den politisch selbstständigen und wirtschaftlich unabhängigen griechischen Stadtstaat; von ihm abgeleitet der Begriff „Politik“, die Angelegenheiten, die alle Bürger angehen*

Um 2000 v. Chr.: *Aus dem Norden wanderten Volksstämme in Griechenland ein. Sie gründeten Siedlungen und bildeten Kleinstaaten (Poleis).*

Lesetipp: *Das alte Griechenland. Reihe „Sehen – Staunen – Wissen“. Gerstenberg, Hildesheim.*

Land und Leute

Im Verlauf des 2. Jahrtausends vor Christus drangen der mythischen Überlieferung nach von Norden her kriegerische Volksstämme nach Griechenland ein: erst die Achäer, dann die Ionier und Dorer. Nach einem kleinen Stamm in Hellas (Thessalien) nannten sie sich Hellenen*. Dieser Name unterschied sie von allen Fremden und von der Urbevölkerung, die sie auf dem Festland und auf den Inseln der Ägäis unterworfen hatten. Die Bezeichnung als „Griechen“ tauchte erst später bei den Römern auf. Ob das wirklich so war, wissen wir nicht.

Die Eroberer kamen in ein Land mit meist kleinen, unfruchtbaren Ebenen, umschlossen von hohen Gebirgszügen und Hunderten von Inseln, die der Küste vorgelagert waren. Jedes Tal, jede Insel bildete eine in sich abgeschlossene Welt. So zersplitterte die Bevölkerung in zahlreiche, meist kleine, voneinander getrennte Gemeinschaften. Im Schutz stark befestigter Burgen, auf denen Fürsten oder Könige herrschten, entstanden städtische Siedlungen, in denen sich Großgrundbesitzer, Händler und Handwerker niederließen. Die Bauern lebten auf dem Land, das die Siedlungen umgab. So entstand in Griechenland kein großes Reich mit einer Hauptstadt. Vielmehr bildete jede Stadt einen eigenen Staat für sich, einen Stadtstaat, den die Griechen ▶ Polis* nannten.

1 *Beschreibt mithilfe der Karte 1 die griechische Landschaft.*

2 *Vergleicht sie mit der Landschaft Ägyptens.*

3 *Erklärt mithilfe der Karte 1 und des Textes, wie die Landschaft das politische Leben der Griechen bestimmte.*

Die minoische Kultur

2 **Wandfresko aus dem Palast von Knossos, um 1500 v. Chr.**

__Etwa 2000 bis 1450 v. Chr.:__
minoische Kultur

__Lesetipp:__

Hans Baumann: Flügel für Ikaros. dtv, München.

Clifford Wells: Die Gefangenen des Minos. Arena, Würzburg.

Hochkultur auf Kreta

Die frühen Hochkulturen, die wir bisher kennen gelernt haben, waren an Flüssen entstanden. Seit der Mitte des 3. Jahrtausends v. Chr. entwickelte sich auf der Mittelmeerinsel Kreta ebenfalls eine Hochkultur, nach dem sagenhaften König Minos auch „minoische Kultur" genannt. Die Bewohner Kretas betrieben, begünstigt durch die gute Lage der Insel, einen lebhaften Seehandel und konnten ein bedeutendes Reich aufbauen. Geschützt von einer starken Kriegsflotte, durchfuhren die Kreter mit ihren Handelsschiffen das östliche Mittelmeer und tauschten Waren in Ägypten, Zypern und Syrien. Sie entwickelten sogar eine eigene Schrift, die so genannte Linear-A-Schrift, deren Entzifferung erst vor wenigen Jahrzehnten gelang.

Ungeheurer Reichtum sammelte sich auf der Insel. In Knossos, der Hauptstadt des Reiches, die zu ihrer Blütezeit um 1600 v. Chr. rund 50 000 Einwohner hatte, ließen sich die Könige einen herrlichen Palast bauen. Die Anlage bedeckte nahezu eine Fläche von 30 000 m^2 und besaß eine Vielzahl von Räumen, die den Menschen, vor allem den fremden Besuchern, wie ein Irrgarten, ein Labyrinth, vorgekommen sein muss. Vorratskammern, Werkstätten, Kulträume, Wohnräume für die Diener und mit prächtigen Wandfresken geschmückte Gemächer für die Herrscherfamilie gruppierten sich um einen geräumigen Innenhof. Dort fand an hohen Festtagen, an denen man weiblichen Gottheiten huldigte, das Stierspringen statt. Der Stier war das heilige Tier der Kreter; junge Männer, aber auch Mädchen sprangen im Salto über die heranstürmenden Tiere – ein gefährliches Spiel, das viele mit dem Leben bezahlen mussten. Ähnliche Stierspiele sind heute noch in Portugal üblich, im Gegensatz zu den blutigen spanischen Stierkämpfen.

Um 1450 v. Chr. fand die minoische Kultur ein plötzliches Ende. Vom griechischen Festland her drangen die kriegerischen Achäer gegen die Insel vor, brachen den Widerstand ihrer Bewohner und zerstörten die unbefestigten Städte und Paläste. Die minoische Kultur ging unter, es begann die mykenische Kultur auf Kreta.

Wie Heinrich Schliemann im 19. Jahrhundert (siehe S. 85), so haben auch den aus reichem Hause stammenden Arthur Evans griechische Sagen nach Kreta geführt. In zwei Ausgrabungsphasen (1900–1914 und 1922–1932) legte er systematisch eine Fläche frei, die durch ihre unglaubliche Größe Erstaunen hervorrief. In einem vierbändigen Werk dokumentierte Evans das Ergebnis seiner Arbeit.

4 *Beschreibt die in Abb. 2 dargestellte Szene.*

Das kriegerische Mykene

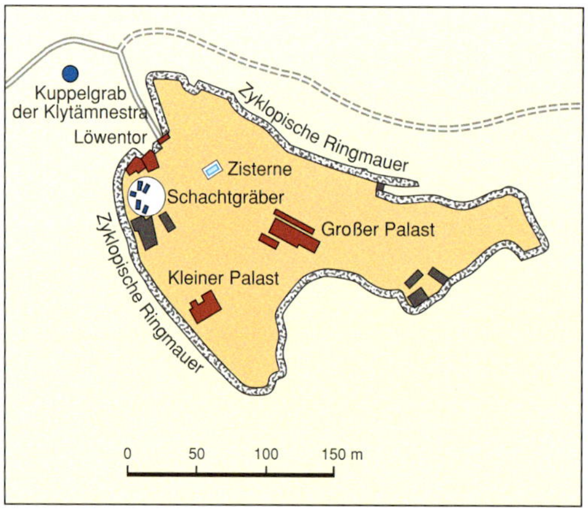

1 Grundriss der Burg von Mykene.

2 Eingang zur Burg von Mykene: das Löwentor.

Peloponnes*: *griechische Halbinsel, südlichster Teil der Balkanhalbinsel, mit dem Festland durch den Isthmus von Korinth verbunden*

Zyklop*: *einäugige Riesen der griechischen Sagenwelt, die für den höchsten Gott Zeus Blitze und Donnerkeile schmiedeten*

Megaron* *(griech. = Halle): rechteckiger Einraum mit Vorhalle, diente als Speise- und Versammlungsraum der Männer*

1600–1200 v. Chr.: *mykenische Kultur*

So genannte Totenmaske des Agamemnon.

Die mykenische Hochkultur

Wie die Kreter viel von den Ägyptern gelernt haben, so übernahmen die Achäer nach der Eroberung der Insel das kretische Kulturerbe und entwickelten es weiter. Nach Mykene, einem ihrer Herrschaftssitze auf der Peloponnes*, wird die Epoche zwischen 1600 und 1200 v. Chr. als „mykenische Kultur" bezeichnet.

Die Achäer waren ein Kriegervolk; von ihren Burgen, die sich ihre Fürsten auf kahlen Felsenkuppen anlegen ließen, herrschten sie über die unterworfene Bevölkerung, die als Bauern für sie arbeiten musste. Adlige Krieger, die als Ritter und Streitwagenkämpfer in die Schlacht zogen, sicherten ihre Macht. Der mächtigste der achäischen Fürsten war der König von Mykene. Seine Burg vermittelt noch heute einen lebendigen Eindruck seiner Herrschaft.

Ein befestigter Fahrweg führte zum einzigen Tor der Burg, über dem zwei steinerne Löwen wachten. Ihre Mauern sind ohne Mörtel aus gewaltigen, zentnerschweren Steinquadern bis zu einer Höhe von 16 m und einer Dicke von 8 bis 10 m aufgeschichtet worden, sodass die Griechen später glaubten, sie seien von Riesen, „Zyklopen"*, errichtet worden. Den Mittelpunkt der Anlage bildete der Palast mit der prächtig geschmückten Herrenhalle, dem Megaron*, in dem ständig das Herdfeuer brannte. Eigenartig waren auch die Gräber der Burgherren. Große unterirdische, bienenkorbförmige Kuppelbauten wölbten sich über die Grabkammern und beschützten die Toten. In den Gräbern fand der deutsche Altertumsforscher Heinrich Schliemann (1822 bis 1890) bei Ausgrabungen kostbare Schätze: Waffen, Schmuck, silberne und goldene Gefäße und Totenmasken aus Gold, darunter eine, die laut Schliemann den König Agamemnon, den sagenhaften Anführer der Griechen im Trojanischen Krieg, darstellen soll.

Nachdem sich die Mykener im 15. Jahrhundert v. Chr. auf Kreta niedergelassen hatten, gründeten sie im Mittelmeerraum Handelsniederlassungen. Ihr Einflussbereich erstreckte sich vom heutigen Süditalien bis weit nach Kleinasien hinein.

Ab 1200 v. Chr. zerfiel die mykenische Kultur allmählich. Viele Zentren verloren an Bedeutung und gingen im 11. Jahrhundert endgültig unter. Die Gründe für diesen Niedergang sind noch nicht geklärt

1 *Beschreibt die Burganlage von Mykene (Abb. 1).*

2 *Warum werden die Ringmauern der Burg von Mykene „zyklopische Mauern" genannt?*

3 *Informiert euch in einem Jugendlexikon über griechische Sagengestalten wie Agamemnon, Hektor oder Achill und berichtet der Klasse über eure Nachforschungen.*

Der Trojanische Krieg

3 **Das Trojanische Pferd.** Tonvase, um 675 v. Chr.

Das feindliche Troja

Die zahlreichen Inseln der Ägäis und die kleinasiatische Küste wurden bald zum bevorzugten Handelsgebiet der Griechen, das sie ihrer Herrschaft unterwarfen. Wollten sie jedoch zu den reichen Ländern rund um das Schwarze Meer vorstoßen, mussten sie zuerst das feindliche Troja, eine mächtige Stadt am Hellespont*, die ihnen den Zugang zu den Dardanellen* versperrte, überwinden. In einem gemeinsamen Feldzug aller griechischen Stämme unter Führung des Königs Agamemnon von Mykene gelang es ihnen, Troja zu erobern und völlig zu zerstören.

Lange Zeit hatte man angenommen, der Krieg um Troja sei nur eine Sage gewesen und habe niemals stattgefunden. Die Ausgrabungen Heinrich Schliemanns haben bewiesen, dass Troja eine geschichtliche Stadt war, die mehrmals zerstört worden ist.

Die Welt Homers

Homer, der bedeutendste griechische Dichter, der um 800 v. Chr. lebte, erzählt uns in seinen Epen „Ilias" und „Odyssee" von heldenhaften Kämpfen, vom Sieg der Griechen und vom Untergang Trojas.

Die „Ilias"

Der trojanische Königssohn Paris entführte Helena, die schöne Frau des Königs Menelaos von Sparta, nach Troja. Daraufhin ziehen die Griechen unter Führung von dessen Bruder Agamemnon in den Krieg. Erst nach langen, blutigen Kämpfen, in denen auch die Götter Partei ergreifen und viele Helden auf beiden Seiten, z. B. Achilles und Hektor, fallen, kann Troja durch eine List des Odysseus erobert und zerstört werden. Die Griechen bauen ein großes Holzpferd, stellen es vor die Stadt und täuschen ihren Rückzug vor. Nachdem die Trojaner das „Abschiedsgeschenk" ihrer Feinde voll Freude in die Stadt gezogen haben, schlüpfen die im Bauch verborgenen Krieger aus dem Pferd und öffnen den heimlich zurückgekehrten Griechen die Stadttore. Unter den überraschten Trojanern richten sie nun ein schreckliches Blutbad an und können so den Krieg gewinnen.

Die „Odyssee"

Sie erzählt die Abenteuer des listenreichen Odysseus, des Königs von Ithaka, der nach dem Sieg über Troja noch zehn Jahre fern der Heimat umherirren musste. Auf seinen Irrfahrten kommt er unter anderem mit seinen Gefährten zum Menschen fressenden Polyphem, einem einäugigen Zyklopen. Nachdem er den Riesen im Schlaf geblendet hat, können Odysseus und seine Gefährten aus der Höhle entkommen, weil sie sich am Bauch der aus der Höhle drängenden Schafe festhalten und sie der geblendete Polyphem nicht ertasten kann. Nach weiteren Abenteuern, die er noch bestehen muss, kann er endlich zu seiner Gattin Penelope, die all die Jahre auf ihn gewartet hat, und seinem tapferen Sohn Telemach heimkehren.

4 **Die Blendung des Zyklopen Polyphem.** Rekonstruktion.

Hellespont*:
antike Bezeichnung für Dardanellen

Dardanellen*:
Meerenge zwischen der Ägäis und dem Marmarameer.

1184 v. Chr.:
möglicherweise Eroberung Trojas durch die Achäer

800 v. Chr.:
Epen (Heldenlieder) des Homer

Heinrich Schliemann *(1822–1890). Foto.*

Lesetipp:

Hans Baumann: Löwentor und Labyrinth. dtv, München.

Richard Carstensen: Griechische Sagen. Ensslin, München.

Paul Hühnerfeld: Der Kampf um Troja. dtv, München.

Walter Jens: Ilias und Odyssee. Ravensburger, Ravensburg.

Werkstatt Geschichte: Ausgrabung

Den Geheimnissen unserer Vorfahren auf der Spur
Archäologinnen und Archäologen erforschen, wie die Menschen früher gelebt haben. Sie „graben" dazu in der Vergangenheit und können anhand von Funden Aussagen darüber treffen, wie die Menschen vor Tausenden von Jahren ihre Häuser gebaut haben, was sie aßen, wie ihre Kleidung oder ihr Geschirr aussahen.

Die Ausgrabung
1 *Lest euch die einzelnen Arbeitsschritte gut durch und fertigt eine Liste der Werkzeuge und Arbeitsmaterialien an, die bei einer Ausgrabung benötigt werden.*

1 **Schichten einer Ausgrabung.** Rekonstruktionszeichnung.

2 *Schreibt auch auf, über welche Fähigkeiten und Fertigkeiten ein guter Archäologe/eine gute Archäologin verfügen muss.*
3 *Beschreibt Abbildung 1.*

1. Schritt
Fundstelle vermessen

Vor dem ersten Spatenstich wird die Fundstelle vermessen und beschrieben. Wie groß ist sie? Aus welchen Materialien besteht die Oberfläche? Am besten zeichnet man gleich einen Plan im Maßstab 1:10.

2. Schritt
Arbeitsgebiete aufteilen

Die Werkzeuge müssen an die Grabungstechniker/-innen verteilt werden. Außerdem muss entschieden werden, wo die Arbeit startet und wo zunächst der Sand hingeräumt wird. Dann kann die Ausgrabung beginnen.

3. Schritt
Ausgrabung durchführen

Sobald eine archäologische Entdeckung gemacht wird, muss die Lage des Fundes genau vermessen werden. Dazu werden Leinen so über die Grube gespannt, dass sie sich über der Fundstelle kreuzen. Nun können die Abstände vom Grubenrand und auch die Tiefe des Gegenstands abgemessen und auf einem Plan eingetragen werden. Die Fundlage wird fotografiert. Dann wird das Stück vorsichtig mit Spachtel und Pinsel freigelegt, um Beschädigungen zu vermeiden.

4. Schritt
Funde bestimmen und rekonstruieren

Die Funde werden auf einem Tisch gesammelt und genau beschrieben sowie gezeichnet oder fotografiert. Nicht immer gelingt es, alle Teile eines Gegenstands zu finden. Dann muss der Archäologe/die Archäologin versuchen die ursprüngliche Form zu rekonstruieren, z. B. durch eine Zeichnung. Schließlich muss bestimmt werden, wozu die gefundenen Gegenstände früher eigentlich verwendet wurden.

5. Schritt
Ergebnisse präsentieren

Die Funde können zusammen mit dem Ausgrabungsplan und allen Zeichnungen und Fotos in einer kleinen Ausstellung präsentiert werden.

Werkstatt Geschichte: Ausgrabung

Scherben gefunden – und was nun?

Stellt euch folgende Situation vor: Archäologen haben in Griechenland eine versunkene Stadt entdeckt und viele Alltagsgegenstände wie Keramikgefäße gefunden. Leider sind einige zerbrochen und die Scherben müssen zusammengesetzt werden. Für diese Arbeit bildet ihr ein Archäologenteam aus 3 bis 4 Schülerinnen und Schülern pro Gruppe.

4 *Kopiert die „Scherben" auf dieser Seite für jede Gruppe einmal, schneidet sie aus und setzt die Teile wie bei einem Puzzle zusammen. Dann klebt ihr euren Fund auf ein Blatt. Ihr könnt euren Fund auch in den typischen Farben griechischer Keramik, vor allem in Braun und Beige, bemalen.*

5 *Jetzt muss der rekonstruierte Fund noch bestimmt werden.*

Dazu stehen euch folgende Informationen zur Verfügung:

Spezielle Gefäßformen wurden von Keramikern im antiken Athen entwickelt und aufgrund ihrer Zweckmäßigkeit in ganz Griechenland übernommen.

a) **Der Krater:** Ein Gefäß mit einer weiten Öffnung. Darin mischten die Griechen ihr Hauptgetränk, Wasser und Wein.

b) **Die Oinochoe:** Diese kleine, einhenklige Kanne war der gebräuchliche Weinkrug. Zum besseren Einschenken war der Rand etwas gebogen.

c) **Die Amphore:** In diesem bauchigen Krug mit engem Hals wurden Lebensmittel aufbewahrt, z. B. Öl oder Oliven.

Eure gesamten Arbeitsergebnisse könnt ihr in kleinen Artikeln zusammenfassen und in einer Wandzeitung eurer Gruppe präsentieren unter den Überschriften: „Der Beruf des Archäologen/der Archäologin und seine/ihre Werkzeuge" sowie „Ein archäologischer Fund aus Griechenland und seine Nutzung". Zusätzlich könnt ihr auch Material sammeln zu aktuellen Ausgrabungen in Deutschland oder der ganzen Welt und euch über die Gefahren für archäologische Funde Gedanken machen.

Interessante Fakten zu diesem Problem und über berühmte Ausgrabungen findet ihr in den Büchern „Auf der Spur großer Kulturen – Das Abenteuer Archäologie" (Lexikothek, Gütersloh) und „Schatzsuche – Verschollene und gefundene Schätze" (Reihe „Was ist was", Tessloff, Nürnberg).

6 *Überlegt euch, welche Funde Archäologinnen und Archäologen in 300 Jahren in eurem Heimatort machen könnten und welche Schlussfolgerungen sie über euer Leben daraus ziehen würden (vgl. S. 19).*

7 *Habt ihr Interesse gewonnen an der Archäologie? Dann erkundigt euch bei der Gemeindeverwaltung oder im Museum, ob es in eurer Umgebung Ausgrabungen gibt, und organisiert einen Besuch.*

Die griechische Polis

1 Die Lage Athens auf der Halbinsel Attika.

Akropolis:* *hoch gelegener, geschützter Mittelpunkt (Zufluchtsplatz, Festung, Herrschersitz, Tempelbezirk) zahlreicher griechischer Städte der Antike*

Entstehung der ▶ Polis von Athen

Der athenische Geschichtsschreiber Thukydides (460/455 – um 400 v. Chr.) berichtete über die Gründung der Polis:

Q … Unter Kekrops und den ersten Königen bis zur Zeit des Theseus wurde Attika in vielen einzelnen Gemeinden bewohnt, die Ratsherren und eine Regierung hatten. … Aber als Theseus König geworden war, löste er die Rathäuser und Regierungen der anderen Gemeinden auf und schloss die Gemeinden alle zur jetzigen Stadt Athen zusammen, indem er ihnen ein einziges Rathaus und eine Regierung zuwies. Und wenn er auch jeder Gemeinde die Verwaltung wie vorher beließ, so zwang er sie doch, die Stadt als einziges Gemeinwesen anzusehen, die dadurch groß wurde, dass alle für sie Steuerbeiträge leisteten. …

1 *Fasst zusammen, wie es zur Gründung der Polis Athen kam.*

Die Polis als Heimat

Eine Polis umfasste aber nicht nur das Gebiet einer Stadt, sondern auch die vielen Dörfer ihrer Umgebung mit den dort lebenden Menschen. So gehörte z. B. zur Polis Athen die Stadt mit der gesamten Halbinsel Attika. Im Mittelpunkt jeder Polis stand meist die Burg als ursprünglicher Herrschaftssitz, die Akropolis*. Bald entwickelte sich unterhalb der Burg eine Stadt mit all den teilweise bis heute typischen Kennzeichen: Marktplatz, Regierungsgebäude, Tempel, Schulen, Theater und Wohnviertel. Geschützt wurde sie durch mächtige Stadtmauern, die sich im Fall Athens als „lange Mauern“ bis zum Handels- und Kriegshafen Piräus erstreckten.

Neben Athen waren Sparta, Theben und Korinth weitere bedeutende Stadtstaaten. Für die Bürger war ihre eigene Polis die Heimat, das Vaterland, für dessen Unabhängigkeit und Freiheit man kämpfte – auch gegeneinander.

2 *Beschreibt mithilfe der Karte 1, welches Gebiet die Polis Athen umfasste.*

3 *Nennt die politischen, religiösen und kulturellen Einrichtungen, die es in einer Polis gab.*

4 *Überlegt, ob es auch heute noch „Stadtstaaten“ gibt.*

Die Kolonisation

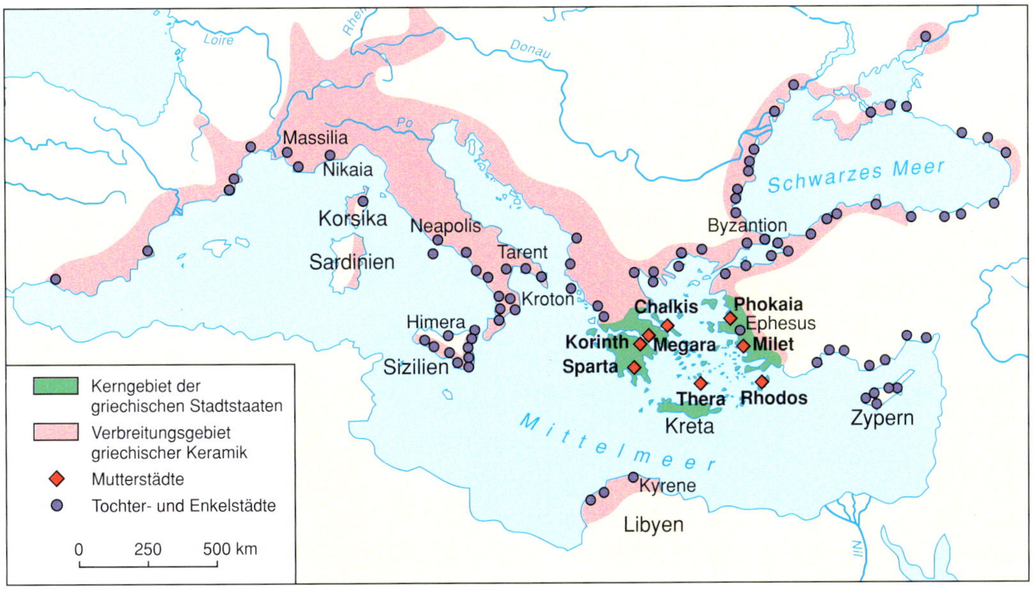

2 Die Welt der Griechen um 750 bis 550 v. Chr.

Einige Stadtstaaten litten aber schon bald unter Überbevölkerung, in anderen waren Bürger mit ihren Herrschern unzufrieden und wurden politisch verfolgt. Vor allem vielen Bauern ging es wirtschaftlich sehr schlecht; sie waren hoch verschuldet, sodass ihnen die Schuldknechtschaft drohte. Deshalb entschlossen sich viele Griechen, ihre Heimat zu verlassen, oder sie wurden von ihrer Polis dazu aufgefordert. Möglicherweise wollte diese auch ihren Einflussbereich erweitern.

Vor ihrer Abreise befragten die Auswanderer aber das Orakel, wo günstige Siedlungsplätze zu finden seien. Schiffe wurden ausgerüstet, und man bestimmte einen Anführer, der die gefährliche Expedition leiten sollte.

Zwischen 750 und 550 v. Chr. wurden an den Küsten des Mittel- und des Schwarzen Meeres neue ▶ Tochter- und Enkelstädte, so genannte Kolonien*, gegründet, die aber weiterhin eine Verbindung mit ihren Mutterstädten hielten. Das Gefühl der Zusammengehörigkeit blieb bestehen: Man sprach die gleiche Sprache, verehrte dieselben Götter und nahm an den Olympischen Spielen und anderen Festen in Griechenland teil. Vor allem entwickelte sich ein reger Handel zwischen Mutter- und Tochterstädten, die immer reicher und mächtiger wurden.

Wo die griechischen Auswanderer siedelten, beeinflussten sie mit ihrer Kultur und Zivilisation auch die Lebensweise der einheimischen Bevölkerung. Sie führten unter anderem neue Pflanzen und handwerkliche Techniken ein. So wurden z. B. in Sizilien und Spanien Ölbäume angepflanzt und griechische Vasen waren in Frankreich, Italien und Nordafrika in Gebrauch. Deshalb verlief die Kolonisation auch meist unkriegerisch, weil sich für beide Bevölkerungsgruppen durch Handel, Waren- und Kulturaustausch Vorteile ergaben. Erst um 550 v. Chr. kam die Auswanderungswelle zum Erliegen, als im Westen die Konkurrenz Karthagos und Roms, im Osten der Gegendruck des sich ausdehnenden Persischen Großreiches immer stärker wurde.

5 *Erklärt den Ausspruch eines griechischen Gelehrten: „Wir sitzen um unser Meer wie die Frösche um einen Teich.“*

6 *Stellt anhand der Karte 2 und mithilfe eurer Atlanten eine Liste der heutigen Länder auf, in denen es griechische Kolonien gab. Entschlüsselt einige der Städtenamen.*

7 *Im Laufe der Geschichte haben oder mussten Menschen immer wieder ihre Heimat verlassen. Fragt z. B. eure ausländischen Mitschülerinnen und Mitschüler, welche Probleme es für sie gab, als sie nach Deutschland kamen.*

Kolonien* *(abgeleitet aus dem lateinischen Wort „colonus“ = Bebauer, Ansiedler): Zahlreiche Stadtstaaten litten unter Überbevölkerung und Hungersnöten. Deshalb wanderten seit 750 v. Chr. viele Griechen aus. Sie besiedelten die Küsten des Mittelmeeres und des Schwarzen Meeres und gründeten dort neue Städte (Kolonien).*

Kolonisation: *Auswanderung von Griechen und Besiedlung des Mittelmeerraums (750 bis 550 v. Chr.)*

Seit dem 7. Jahrhundert v. Chr. gab es in Griechenland ***Münzen****. Das abgebildete Geldstück stammt aus Sizilien, von der Kolonie Leontinoi (Leo = Löwe). Es zeigt einen Löwenkopf mit vier Gerstenkörnern.*

Die olympischen Götter

1 Der Parthenon, der Tempel zu Ehren der Göttin Athene auf der Akropolis in Athen, erbaut zwischen 447 und 438 v. Chr.

Was die Griechen, ob sie nun im Mutterland selbst oder in den Kolonien lebten, besonders verband, war der Glaube an die gemeinsamen Götter. Überall gab es prächtige Tempel und heilige Stätten, an denen man die Götter und Göttinnen verehrte. Für viele Menschen lebten die Götter auf dem meist von Wolken umhangenen Gipfel des Olymp*. Hier wohnten sie als große Familie zusammen, ganz wie die Menschen, mit guten und schlechten Eigenschaften, nur mit mehr Luxus, mächtiger und unsterblich.

Vom Leben und Handeln der Götter berichten griechische Sagen:

M ... Zeus wollte wieder einmal seine Kinder und Geschwister beim Göttermahl vereint sehen. Daher ließ er Hermes, den Götterboten, zu sich kommen und befahl ihm: Ziehe deine Flügelschuhe an und rufe mir deine Brüder und Schwestern herbei. Ich will mit Hera, meiner Frau, ein Göttermahl geben.
Hermes flog zuerst zu Hephaistos, dem Gott des Feuers. Der schmiedete großartige Waffen. Seine Frau war die schöne Aphrodite. Sie warf noch einen Blick in ihren Spiegel und machte sich dann auf den Weg zum Olymp. Ihr hinkender Mann konnte mit ihr nicht Schritt halten.
Athene, die Lieblingstochter des Zeus, traf Hermes in jener Stadt an, deren Einwohner sie zur Schutzgöttin erwählt hatten. Sie nahm Lanze und Schild und eilte zu ihrem Vater.
Zuletzt fand Hermes den Gott des Krieges, Ares. Wie er ihn antraf – mit Schild und Lanze –, so brachte ihn Hermes zu seinen Geschwistern auf den Olymp.
Auch die Brüder des Zeus waren gekommen: Poseidon, der Gott des Meeres, und Hades, der Gott der Unterwelt. Er verließ seinen Richterstuhl, um der Einladung zu folgen. Kerberos, den mehrköpfigen Hund, ließ er als Wächter der Unterwelt zurück. ...

Die Griechen waren überzeugt, die ganze Natur und auch das menschliche Leben seien vom Wirken der Götter beeinflusst. Wenn es stürmte, dann wühlte Poseidon mit seinem Dreizack im Zorn das Meer auf. Gab es Probleme in Ehe und Familie, dann flehten insbesondere Frauen Hera, die Gattin des Zeus, um ihren Beistand und Schutz an.

Der griechische Geschichtsschreiber Xenophon (um 430 – nach 355 v. Chr.) schrieb:

Q ... Alles haben Homer und Hesiod* auf die Götter geschoben, was bei den Menschen als Schimpf und Schande betrachtet wird: auch Diebstahl und Ehebruch und gegenseitige Täuschung. Aber die Sterblichen glauben, die Götter würden geboren und hätten Gestalt und Aussehen und Sprache ihnen gleich. ...

1 *Die Götter handelten und fühlten, so die Vorstellung der Griechen, ähnlich wie die Menschen. Sucht für diese Behauptung Beweise in der Sage (M). Welche Kritik wird aber in der Quelle an diesem Götterglauben geäußert?*

Olymp*: *Gebirge in Griechenland an der Grenze Thessaliens und Makedoniens. Es ist bis 2917 m hoch. Nach der Vorstellung der alten Griechen lebten auf den Gipfeln des Olymps die Götter.*

Hesiod*: *Er lebte um 700 v. Chr. und ist der erste geschichtlich erfassbare Dichter Griechenlands bzw. Europas.*

Zeus

Hera

Hermes

Athene

Der Glaube der Griechen

2 Apollon-Heiligtum (Orakel) in Delphi. Der Tempel wurde im 4. Jahrhundert v. Chr. über der Wirkungsstätte der Pythia erbaut.

Tempel und Orakelstätten
Die Griechen brachten Opfer und Gaben dar, damit die Götter sie vor Krankheiten bewahrten oder ihnen gute Ernten bescherten. Vor den Tempeln stand der Altar. Auf ihn legte man seine Opfergaben nieder wie z. B. die Erstlingsfrüchte der Felder oder Tiere, die zu Ehren der Gottheit geschlachtet wurden. Im Innern des Tempels, in der Cella, befand sich das Standbild des Gottes oder der Göttin, die man verehrte.
Heilige Orte waren auch die Orakelstätten. Eine der berühmtesten befand sich in Delphi. Hier konnte man den Rat und die Vorhersagung der Götter einholen. Griechische Städte schickten bei Rechtsstreitigkeiten oder vor Kriegserklärungen ihre Boten zu den Orakelstätten. Aber auch einfache Menschen suchten den Rat der Götter. Aus Quellen wissen wir, welche Fragen sie stellten, z. B.: „Soll ich Fischer werden?" oder „Soll ich heiraten?".
Die Fragensteller mussten eine Gebühr entrichten und ein Opfer darbringen, meist eine schwarze Ziege. Danach durften sie den Tempel betreten. Auf einem Dreifuß sitzend, kaute die Pythia (= Priesterin) Lorbeerblätter und atmete die Dünste aus einem Erdspalt ein. Dadurch geriet sie in Ekstase und stieß unverständliche Laute aus. Priester deuteten diese Laute und schrieben sie in Versform als Orakel auf.

Oftmals suchten auch Flüchtlinge und politisch Verfolgte die heiligen Stätten auf, um Zuflucht und Schutz (griech. Asyl) zu erbitten. Die Priester waren dann verpflichtet, ihnen Beistand zu gewähren.

Religiöse Feiern und Wettkämpfe
Besonders viele Griechen suchten die Heiligtümer zu den großen religiösen Feiern auf, an denen zu Ehren der Götter auch künstlerische und sportliche Wettkämpfe stattfanden. Aus allen Stadtstaaten fanden sich Besucher und Teilnehmer dazu ein. Gemeinsam feierte man den Gottesdienst in Prozessionen und öffentlichen Opfern und bestritt die Wettkämpfe. So kam man nach Delphi zu den Pythischen Spielen zu Ehren des Apollon, nach Korinth zu den Isthmischen Spielen zu Ehren des Poseidon und nach Athen zu den Panathenäischen Spielen zu Ehren der Athene. Die berühmteste dieser religiösen Feiern und Wettkämpfe fand alle vier Jahre zu Ehren des Zeus in Olympia statt.

2 *Sucht auf der Karte 1 auf Seite 82 den Olymp, Delphi, Korinth und Olympia.*

3 *Menschen haben sich immer um ihre Zukunft Sorgen gemacht und sich „Orakeln" zugewandt. Nennt Beispiele aus unserer Zeit.*

4 *Beschreibt mithilfe der Abbildungen in der Randspalte auf diesen beiden Seiten die griechische Götterfamilie.*

Hephaistos

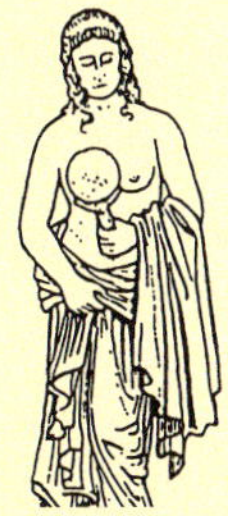

Aphrodite

Ares

Poseidon

Hades

Die Olympischen Spiele

1 Die Anlage von Olympia. Rekonstruktion. ① Festtor, ② Stadion, ③ Zeustempel, ④ der innere, heilige Bezirk: Grab des Königs Pelops, ⑤ Heratempel, ⑥ Übungsstätten, ⑦ Werkstatt des Bildhauers Phidias, ⑧ Gästehaus. Lithographie von C. Votteler, 19. Jahrhundert.

Olympiade*:
ursprünglich der Zeitraum von vier Jahren zwischen den Olympischen Spielen, bereits in der Antike dann Bezeichnung für die Olympischen Spiele selbst

Frauenwettkämpfe in Olympia*:
Der einzige Wettkampf war ein Lauf für Mädchen und Frauen, der in drei Altersklassen ausgetragen wurde. Nach der Vorschrift liefen sie mit offenen Haaren in einem hemdartigen Gewand, das bis zu den Knien reichte. Die Siegerinnen erhielten einen Kranz vom Ölbaum.

Die Wettkämpfe

Die ersten Olympischen Spiele, von denen wir sicher wissen, fanden 776 v. Chr. statt. Teilnehmer konnten nur freie Griechen sein, Frauen und Nichtgriechen waren nicht zugelassen. Während der Spiele durften in ganz Griechenland keine Kriege geführt werden. Dieser Gottesfriede dauerte so lange, wie Athleten und Zuschauer für die Hinreise, die Durchführung der Spiele und die Rückreise benötigten. Da die Spiele als Gottesdienst galten, begannen sie stets mit Opfer und Gebet, erst dann begannen die Wettkämpfe. Für die Griechen waren diese Spiele so wichtig, dass sie ihre Zeit nach Olympiaden* rechneten.

Für Frauen gab es seit dem 5. Jahrhundert v. Chr. eigene Spiele*. Sie fanden alle vier Jahre zu Ehren von Hera statt. Einziger Wettbewerb war ein Lauf über 160 m. Mit dem Beginn des 4. Jahrhunderts sind außerdem Frauen als Olympiasiegerinnen bekannt, aber nur in einer einzigen Disziplin, dem Wagenrennen. Als Sieger galt hier nicht der Wagenlenker, sondern der Rennstallbesitzer. Da er nicht selbst in Olympia anwesend sein musste, meldeten auch Frauen Gespanne an und konnten so wie z. B. Kyniska, die Tochter des Spartanerkönigs Archidamos, den Sieg erringen. Zwischen 30 000 und 40 000 Zuschauer waren zugegen, wenn die Wettkämpfe durchgeführt wurden. Sie dauerten fünf Tage.

1. Tag: Feierliche Eröffnung. Vor der Zeusstatue im Rathaus müssen die Athleten und ihre Väter und Brüder und auch die Lehrer schwören, dass sie sich keinen Verstoß gegen die olympischen Wettkämpfe zuschulden kommen lassen werden. Die Athleten leisten dazu noch den Schwur, dass sie sich insgesamt zehn Monate nacheinander der sorgfältigsten Übung hingegeben hätten.

2. Tag: Wettstreit der Trompeter vor der Echohalle. Wagenrennen, Fünfkampf: Diskus, Weitsprung, Speerwurf, Ringen und Stadionlauf (192 m).

3. Tag: Festprozession zum heiligen Bezirk. Am Altar vor dem Zeustempel: Opferung, Gesänge, Flötenspiel und Gebete. Abends: Opferschmaus.

4. Tag: Schwerathletische Kämpfe: Ringen, Faustkampf und Waffenlauf über 400 m.

5. Tag: Siegerehrung im Tempel mit Dankopfern zu Ehren des Zeus. Festessen der Sieger im Rathaus von Olympia.

Die Olympischen Spiele

2 **Olympische Wettkampfarten auf griechischen Vasenbildern, 6. bis 4. Jahrhundert v. Chr.**

Auszeichnungen und Ehrungen

Die Athleten wollten bei den Wettkämpfen keine Rekorde aufstellen, sondern Erste und besser sein als alle anderen. Zweite oder dritte Plätze gab es nicht. Es gab nur Sieger oder Verlierer. Dabei war es völlig gleichgültig, ob man mit einem schlechten Wurf oder in einer schlechten Zeit gewonnen hatte. Von den Siegern wurden Standbilder angefertigt, die man in Olympia aufstellte. In ihrer Heimatgemeinde erhielten sie ein Leben lang kostenlose Verpflegung und wurden von Steuerzahlungen befreit. Seit dem 4. Jahrhundert v. Chr. nahmen immer mehr Berufssportler an den Olympischen Spielen teil; vereinzelt kam es auch zu Bestechungsversuchen, um den Sieg zu erkaufen.

Isokrates (436–338 v. Chr.), griechischer Schriftsteller, über die Olympischen Spiele:

Q1 … Wir versammeln uns alle an einem Ort, nachdem wir alle Feindseligkeiten eingestellt haben. Während des Festes bringen wir gemeinsam unsere Opfer dar, verrichten gemeinsam Gebete und werden uns dabei unseres gemeinsamen Ursprungs bewusst. Alte Freundschaften werden erneuert, neue Freundschaften werden geschlossen. So lernen wir uns gegenseitig besser verstehen …

Xenophon (um 430 – nach 355 v. Chr.), griechischer Geschichtsschreiber, meint:

Q2 … Nein, es liegt kein Sinn in diesem Brauche. Zu Unrecht wertet man die leibliche Kraft höher als Wissen und Weisheit. Denn sei im Volke ein Bürger auch tüchtig im Faustkampf, mag er vielleicht auch im Ringen oder Fünfkampf sehr gut sein oder im Schnelllauf, so wird doch die Ordnung des Staates dadurch nicht besser. Wenig Gewinn erwächst daraus der heimischen Stadt. …

1 *Beschreibt die Anlage von Olympia (Abb. 1). Woraus wird ersichtlich, dass es sich sowohl um eine religiöse Feier als auch um sportliche Wettkämpfe handelte?*

2 *Nennt die Disziplinen, die in Abbildung 2 dargestellt sind.*

3 *Diskutiert Vor- und Nachteile der antiken Olympischen Spiele. Nehmt dabei auch die in Q1 und Q2 geäußerten Meinungen zu Hilfe.*

4 *Erkundigt euch, wie die Olympischen Spiele heute ablaufen. Welche Unterschiede zur Antike stellt ihr fest?*

Chronik der Olympischen Spiele:

776 v. Chr.: *erste sportliche Wettkämpfe zu Ehren des Göttervaters Zeus in Olympia*

393 n. Chr.: *Verbot der Spiele als vermeintlicher heidnischer Kult durch den christlichen römischen Kaiser Theodosius*

1896: *Wiederbelebung der olympischen Idee durch den französischen Baron Pierre de Coubertin, Olympiade von Athen*

1924: *Einführung der Olympischen Winterspiele*

1936: *Erste Olympiade in Deutschland (Berlin)*

1972: *Olympische Sommerspiele in München*

1976: *Erste Olympische Spiele der Behinderten*

2000: *Olympische Sommerspiele in Sydney*

2004: *Olympische Sommerspiele in Athen*

Der Kriegerstaat Sparta

1 Kampf schwer bewaffneter Krieger in Reihen. Korinthische Vasenmalerei, um 650 v. Chr.

Spartiaten*:
adlige Herrschaftsschicht in Sparta mit gemeinsamer Abstammung, Landbesitz und staatlich geregelter militärischer Erziehung

Heloten*:
Untertanen, die für die spartiatischen Herren das Land bebauten. Als Sklaven gehörten sie dem spartanischen Staat.

Periöken*:
Bewohner der Städte, die auf spartanischem Staatsgebiet „um Sparta herum" lagen. Sie waren keine Sklaven, hatten aber weniger Rechte als die spartanischen Bürger.

Um 800 v. Chr.:
Gründung Spartas

Sparta – ein Staat der Gleichen?

Um 900 v. Chr. ließen sich die Vorfahren der Spartaner auf der Halbinsel Peloponnes nieder. Sie unterwarfen die dort lebende Bevölkerung und gründeten um 800 v. Chr. den Stadtstaat Sparta.

Jeder Spartiate* erhielt durch Los ein Landgut, das er weder verkaufen noch unter seinen Söhnen aufteilen durfte. Damit wurde der Lebensunterhalt jedes Spartiaten und seiner Familie gesichert. Alle Bürger hatten etwa gleich viel Besitz. Die Spartiaten nannten sich deshalb selbst die „Gleichen".

Kein Spartiate bewirtschaftete sein Landgut selbst. Zu dieser Arbeit wurde die unterworfene Bevölkerung gezwungen. Man nannte diese Heloten*. Sie wohnten auf dem Land, bearbeiteten die Felder und lieferten einen bestimmten Teil der Ernte an ihren Herrn ab, der in Sparta wohnte. Sie hatten keinerlei politische Rechte und waren den Spartiaten ganz und gar ausgeliefert. Es kam zu wiederholten Aufständen, die aber alle niedergeschlagen wurden. Besser gestellt als die Heloten war die Bevölkerung, die in den Randgebieten des Stadtstaates in eigenen Städten wohnte. Man nannte sie Periöken*, d. h. die „Umwohnenden". Periöken konnten ihr Land bestellen, ohne Abgaben leisten zu müssen. Viele waren auch als Handwerker oder Händler für die Spartaner tätig. Denn Handel und Gewerbe zu treiben war den Spartanern verboten, damit sie sich ganz der Sicherung ihres Staates widmen konnten. Periöken mussten Heeresdienst leisten, hatten aber ebenfalls keine politischen Rechte.

1 *Erklärt mithilfe von Abbildung 2 den gesellschaftlichen Aufbau Spartas.*

2 *Überlegt, ob Sparta wirklich ein „Staat der Gleichen" war.*

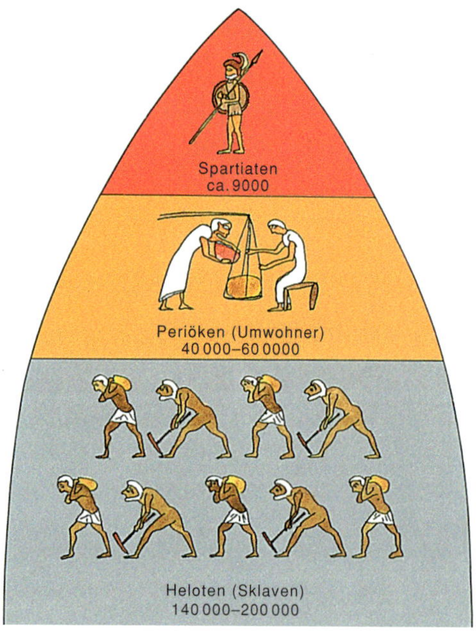

2 Die Bevölkerung Spartas. 5. Jahrhundert v. Chr.

Der Kriegerstaat Sparta

Erziehung zum Kampf

Ständig lebten die Spartiaten in der Furcht vor einem Aufstand der Heloten. Deshalb mussten sie alles tun, um ihre Macht zu sichern.

3 *Erklärt die Furcht der Spartiaten vor einem Aufstand der Heloten.*

Der griechische Schriftsteller Plutarch (46 bis 120 n. Chr.) berichtete:

Q … Wenn ein Kind geboren wurde, musste es der Vater zu den Ältesten der Gemeinde bringen; diese untersuchten das Kind. Wenn es wohl gebaut und kräftig war, gaben sie dem Vater den Auftrag, das Kind aufzuziehen. War es aber schwächlich und missgestaltet, so ließen sie es zu der so genannten Ablage an einem Felsengrund bringen. Sie meinten, für ein Wesen, das von Anfang an nicht fähig sei, gesund und kräftig heranzuwachsen, sei es besser, nicht zu leben.
Die Ammen erzogen die Säuglinge dazu, nicht wählerisch beim Essen zu sein, keine Angst zu haben im Dunkeln und nicht weinerlich zu sein. Sobald die Jungen das siebente Lebensjahr erreicht hatten, mussten sie das Elternhaus verlassen. Jetzt übernahm der Staat die Erziehung.
Die Jungen wurden in Horden eingeteilt. Sie erhielten alle die gleiche Erziehung und Nahrung und gewöhnten sich an gemeinsames Spiel und gemeinsames Lernen.
… Lesen und Schreiben lernten sie nur so viel, wie sie brauchten, die ganze übrige Erziehung bestand darin, pünktlich zu gehorchen, Strapazen zu ertragen und im Kampf zu siegen …

4 *Nennt die Grundsätze, nach denen die Knaben in Sparta erzogen wurden. Was haltet ihr von dieser Erziehung?*

5 *Auch heute noch spricht man von einer „spartanischen Erziehung". Erklärt, was ihr darunter versteht.*

Nachdem die jungen Spartiaten diese militärische Erziehung erfolgreich durchlaufen hatten, lebten sie bis zu ihrem 60. Lebensjahr in weiteren Gemeinschaften der Männer. Sie gingen auf die Jagd, übten sich in Waffen und kämpften als Hopliten* nebeneinander in der Phalanx*. Bei ihren Familien verweilten sie selten. Als Krieger lebten sie in der ständigen Vorbereitung auf den Krieg, und ihre höchste Ehre sahen sie darin, der Vaterstadt zu dienen und für sie zu sterben.

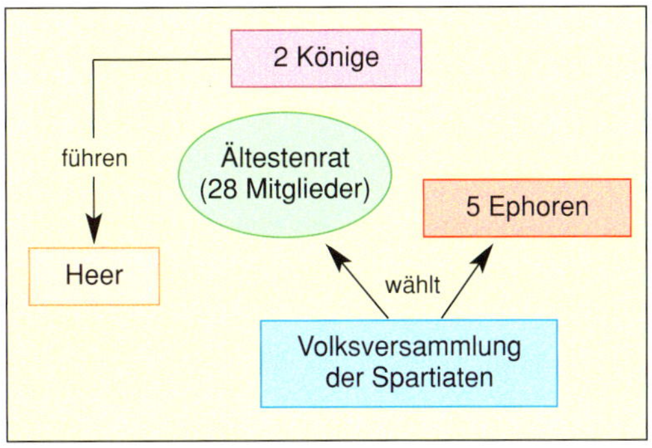

3 Die Verfassung Spartas.

Sparta wird Führungsmacht

Die vollen Rechte und Pflichten als Staatsbürger erwarben die Spartiaten mit 30 Jahren; nur sie trafen die politischen Entscheidungen. Alle Spartiaten gehörten gleichberechtigt der ▶Volksversammlung an, die über Gesetze, Bündnisse, Krieg und Frieden entschied. Zwischen den Versammlungen lenkte ein „Rat der Ältesten" zusammen mit fünf Oberbeamten, den Ephoren, den Staat und überwachte das Leben der Bürger. Brach ein Krieg aus, dann lag der Oberbefehl bei zwei Königen, die aus den angesehensten adligen Familien stammten. Diese Verfassung* des spartanischen Staates sorgte zwar für stabile politische Verhältnisse, schloss aber den größten Teil der Bevölkerung von der Herrschaft aus. Alle Macht lag in den Händen des spartiatischen Kriegeradels.
Seine militärische Stärke und innere Stabilität machten Sparta zur Führungsmacht im Süden Griechenlands. Das ganze 5. Jahrhundert v. Chr. hindurch wurden die meisten anderen Stadtstaaten der Halbinsel zum Peloponnesischen Bund unter Spartas Führung vereint. Sparta bildete damit den Gegenpol zum anderen mächtigen Stadtstaat Griechenlands: Athen.

6 *Erklärt mithilfe von Abbildung 3 die Verfassung Spartas mit eigenen Worten.*

Hopliten* *(griech.): Fußsoldaten, ausgerüstet mit Panzer, Helm, Schild, Schwert und Stoßlanze*

Phalanx* *(griech.): mehrfach gestaffelte Schlachtreihe*

Verfassung*: *Eine Verfassung legt fest, welche Aufgaben und Rechte die Bürger haben und wer den Staat regiert.*

Um 500 bis um 370 v. Chr.: *Sparta als mächtigster Stadtstaat im Peloponnesischen Bund. Der Städtebund verpflichtete sich nach gefasstem Bundesbeschluss zu gemeinsamer Kriegführung.*

Demokratie in Athen

*Die Griechen unterschieden folgende **Staatsformen:***

Demokratie*: *Herrschaft des Volkes*
Aristokratie*: *Herrschaft des Adels*
Monarchie*: *Herrschaft eines Einzelnen, oft als König bezeichnet*
Tyrannis*: *Herrschaft eines mit Gewalt Regierenden*

Metöken* *(griech. = Mitbewohner): Sie lebten in Athen und waren vor allem in Handwerk und Handel tätig. Sie waren persönlich frei, durften aber nicht an der Volksversammlung teilnehmen und auch kein Land besitzen.*

Wichtige athenische Staatsmänner:

Solon* (um 640 bis um 560 v. Chr.): *„Friedensstifter" zwischen den zerstrittenen Bevölkerungsgruppen, befreite die Bauern aus der Schuldknechtschaft, setzte Reformen durch (vor allem politische Mitbestimmung der reichen Bürger).*

Kleisthenes* (6. Jahrhundert v. Chr.): *Einführung einer demokratischen Verfassung, die alle Bürger an der Herrschaft beteiligte*

1 **Athenische Volksversammlung.** Rekonstruktionszeichnung. Die größte Breite des Platzes betrug 80 m, die größte Tiefe 40 m.

Athens Entwicklung zur Demokratie

In Athen verlief die Entwicklung des Stadtstaates anders als in Sparta. Etwa 300 000 Menschen lebten seit dem 5. Jahrhundert v. Chr. in der größten griechischen Polis, die Hälfte davon in der Stadt selbst. Seit dem 2. Jahrtausend herrschte von der Akropolis aus ein König über die Polis, doch um 700 v. Chr. setzten ihn mächtige Adlige ab und beseitigten die ▶ Monarchie*. Die Herrschaft lag nun in den Händen einiger weniger adliger Großgrundbesitzer, die die Bauern unterdrückten und ausbeuteten. Viele von ihnen gerieten in Schuldknechtschaft und mussten mit ihren Familien den Gläubigern als Sklaven dienen. Auch die wohlhabenden Handwerker und Kaufleute waren an den politischen Entscheidungen der Polis nicht beteiligt. Sie waren deshalb ebenfalls mit der ▶ Aristokratie* unzufrieden. Nach langen Auseinandersetzungen zwischen dem Adel und den übrigen Bevölkerungsgruppen, in deren Verlauf es einzelnen Adligen gelang, zeitweise die Macht an sich zu reißen und eine Tyrannis* zu errichten, führten Solon* und Kleisthenes* Reformen durch, die in Athen die ▶ Demokratie* begründeten.

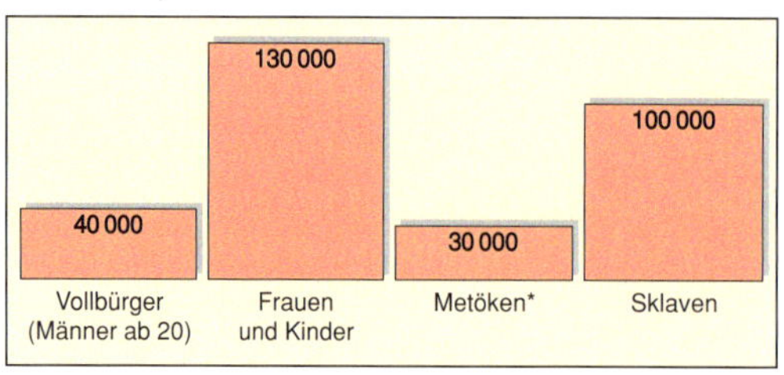

2 **Bevölkerung Athens, um 430 v. Chr.**

Herrscht in Athen wirklich das Volk?

Der griechische Geschichtsschreiber Thukydides beschrieb die demokratische Verfassung Athens:

Q1 … Wir leben in einer Staatsform, die die Einrichtungen anderer nicht nachahmt, eher sind wir für andere ein Vorbild, als dass wir andere uns zum Muster nähmen. Mit Namen wird sie, weil wir uns nicht auf eine Minderheit, sondern auf die Mehrheit im Volke stützen, Volksherrschaft (= Demokratie) genannt. Und es genießen alle Bürger für ihre Angelegenheiten vor den Gesetzen gleiches Recht. …
Das ganze Volk trifft in der Volksversammlung die Entscheidung und sucht hier ein rechtes Urteil über die Dinge zu gewinnen. …

Der Verfassung nach war Athen eine Demokratie; aber es gab trotzdem erhebliche Unterschiede zwischen den Bewohnern der Polis.

1 *Beschreibt mithilfe des Schaubilds 2 die Zusammensetzung der athenischen Bevölkerung.*

2 *Vergleicht das Schaubild 2 mit Q1 und diskutiert, ob die Verfassung Athens wirklich demokratisch war.*

Das Athen des Perikles – eine Zeitreise

Perikles – ein Alleinherrscher?

Der berühmteste Staatsmann Athens in dieser Epoche war ▶ Perikles*, ein Großneffe des Kleisthenes, den die Bürger von 443 bis 429 v. Chr. ununterbrochen in das höchste Staatsamt wählten. Seiner Ansicht nach sollten alle Bürger die gleichen politischen Rechte besitzen; deshalb führte er weitere Verfassungsreformen durch. Zudem setzte er den Ausbau des Kriegshafens Piräus und den Wiederaufbau der in den Perserkriegen (siehe S. 100) zerstörten Akropolis durch und schuf viele Arbeitsplätze. Durch eine gezielte Kolonisation an den Küsten des Schwarzen Meeres stärkte er die Macht seiner Heimatstadt, die unter seiner Führung eine Blütezeit erlebte, da er auch Kunst und Wissenschaft förderte.

Über seine Stellung schrieb Thukydides:

Q2 … Perikles war mächtig durch sein Ansehen. Er wurde daher nicht durch die Volksversammlung gelenkt, sondern er selbst lenkte sie aufgrund seines Einflusses. So bestand in Athen dem Namen nach eine Demokratie, in Wirklichkeit jedoch die Herrschaft eines einzigen Mannes. …

3 *Ist die Stellung des Perikles mit einer Volksherrschaft vereinbar? Begründet eure Antwort.*

Eine Reise in das Athen des Perikles

Was haltet ihr davon, wenn wir zusammen eine Zeitreise in die Vergangenheit machen – eine Reise in das alte Athen? Wir brauchen nur die Zeit um ungefähr 2500 Jahre zurückzudrehen, bis ins Jahr 432 v. Chr. Dann gelangen wir ins Athen des Perikles.

Auf der Agora

Wir begleiten Meidias, den Besitzer einer Töpferwerksatt, auf seinem Spaziergang durch die Stadt und kommen so zur Agora, dem Marktplatz. „Die Agora", sagt er, „ist der Ort, wo wir uns persönlich versammeln. Dort feiern wir in den alten und neuen Tempeln unsere religiösen Feste, dort halten wir auch unsere politischen Versammlungen ab. Mit einem Wort, die Agora ist das politische und auch das wirtschaftliche Zentrum der Stadt. Dort hinten seht ihr übrigens das Bouleuterion", sagt er und deutet dabei mit der Hand auf ein großes Gebäude. „Dort tagt der Rat der 500 Ratsleute aus ganz Attika, die durch das Los bestimmt werden. Dieser Rat bereitet die Gesetze vor, die der Volksversammlung zur Abstimmung vorgelegt werden."

„Und was ist das runde Gebäude dort?", möchten wir wissen.

„Das ist das Prytaneion, der Sitz der Athener Regierung", erklärt uns Meidias sichtlich stolz. „Dort wohnen die Abgeordneten und dort werden die offiziellen Maße und Gewichte der Stadt aufbewahrt. Unter den Händlern, die auf der Agora ihre Waren verkaufen, sind manchmal Betrüger, und so gibt es zehn Marktaufseher, die Kontrollen durchführen. Für diese Kontrollen benutzen sie die Maße und Gewichte, die hier aufbewahrt werden, und wenn sie einen Betrüger erwischen, wird er streng bestraft."

4 *Erklärt, inwiefern die Agora das gesellschaftliche, wirtschaftliche und politische Zentrum der Polis Athen war.*

5 *Informiert euch in einem Lexikon über das Gymnasion und berichtet in der Klasse.*

Perikles* (490 bis 429 v. Chr.): *bedeutendster Staatsmann Athens, zwischen 443 und 429 v. Chr. Er wurde 15-mal zum Strategen gewählt, baute das attische Seereich auf und starb an der Pest während des Krieges gegen Sparta.*

Wichtige Stadtviertel bzw. Gebäude im antiken ***Athen:***

Akropolis = Burg- und Tempelberg
Agora = Marktplatz mit öffentlichen Gebäuden
Areopag = Gerichtsstätte
Odeion = Gebäude für Musik- und Theateraufführungen
Gymnasion = Gebäude für körperliche und geistige Schulung und Erziehung

3 Modell der Agora in Athen zur Zeit des Perikles.
① Tholos (Rundbau, in dem die Prytanen speisten); ② Gebäude, in dem der Rat der 500 tagte; ③ Stoa (Gerichtsgebäude); ④ Hephaistos-Tempel (– – – = Weg des Besuchers)

Das Athen des Perikles – eine Zeitreise

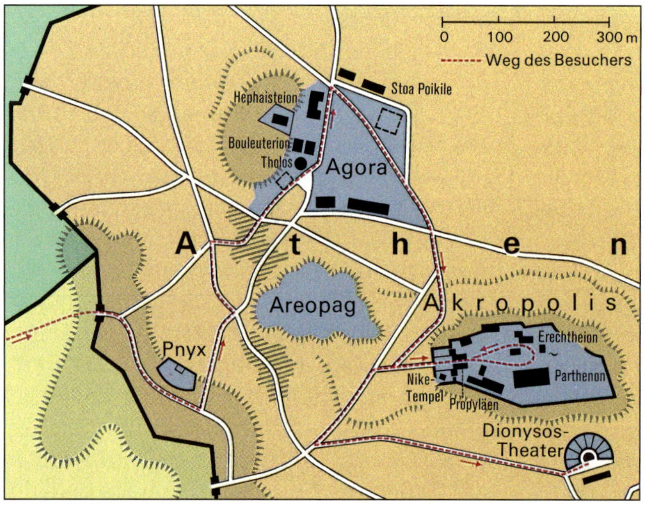

1 **Plan der Stadt Athen zur Zeit des Perikles.**

Ein stolzer Prytane

Meidias ist heute in Eile. „Ich muss ins Prytaneion", erklärt er. Wir fragen ihn, warum er dorthin muss. „Weil ich Prytane bin", antwortet er voller Stolz. „Ich bin einer der 50 Abgeordneten meines Bezirks und wir werden 35 Tage lang die Stadt regieren. Wie ihr vielleicht wisst, ist Athen in zehn Bezirke unterteilt, und jeder von ihnen regiert der Reihe nach die Stadt. Von den Abgeordneten wird durch Los ein Vorsitzender gewählt."
„Und für wie lange?", fragen wir.
„Für einen Tag und eine Nacht", antwortet Meidias. „Während dieser Zeit muss der Vorsitzende dauernd im Prytaneion sein. Er ist dort mit den anderen Abgeordneten, empfängt die Wohltäter der Stadt sowie Persönlichkeiten aus anderen Städten und Ländern. Und abends schläft er auch dort. Er ist für alle wichtigen Angelegenheiten der Stadt verantwortlich und muss Tag und Nacht erreichbar sein, um alle Probleme, die möglicherweise auftauchen, zu lösen."

Die ▸ Volksversammlung*

Anschließend zeigt uns Meidias noch das Gerichtsgebäude. „Jedes Jahr werden 6000 Richter gewählt", sagt er. „Durch Los wird festgelegt, welchen Fall sie zu richten haben. So wird eine Bestechung der Richter verhindert." Hier verabschieden wir uns von Meidias und jetzt führt uns sein Freund Kritias weiter. Er führt uns zur Pnyx, wo die Volksversammlungen stattfinden. „Die Abstimmung" – so klärt er uns auf – „erfolgt durch Erheben der Hand oder mit Kieseln, die als Stimmsteinchen dienen. Die Volksversammlung beschließt über alle wichtigen Dinge. Es liegt also wirklich die Macht beim Volk und deswegen heißt es auch in Athen: Das Volk ist der Herrscher."

Eine Abstimmung mit Scherben

Kritias fährt fort: „Die Volksversammlung kommt einmal im Jahr, im Frühling, zu einem besonderen Zweck auf der Agora zusammen: Bei dieser Versammlung wird entschieden, ob eine Abstimmung mit Scherben* stattfinden soll."
„Eine Abstimmung mit Scherben?", fragen wir erstaunt. „Ja", sagt Kritias, „bei dieser Abstimmung schreiben die Athener Bürger auf eine Tonscherbe den Namen des Politikers, der ihrer Meinung nach für die Stadt und die Demokratie eine Gefahr bedeutet. Derjenige, dessen Name von wenigstens 6000 Athenern aufgeschrieben wurde, wird für zehn Jahre aus der Stadt verbannt."

1 *Überlegt, ob beim Scherbengericht auch manchmal ungerechte Urteile haben zustande kommen können.*

2 *Spielt folgende Szene: Zwei attische Bauern unterhalten sich zur Zeit der Frühjahrsaussaat darüber, ob sie zur Volksversammlung gehen sollen. Entschieden werden soll über den Bau eines neuen Tempels.*

Volksversammlung*: *Versammlung der männlichen Bürger in Athen. Sie entschied über Krieg und Frieden, beschloss Gesetze und wählte Beamte. Die Mehrheit der Bewohner Athens bestand aus Frauen und Kindern, Mitbewohnern und Sklaven. Sie durften an der Volksversammlung nicht teilnehmen.*

Scherbengericht*: *Verfahren zur Aburteilung übermächtiger Politiker*

„Stimmzettel" mit dem Namen des zu verbannenden Atheners („Themistokles") und des abstimmenden Bezirks („Neokleos")

Das Athen des Perikles – eine Zeitreise

2 **Die Akropolis von Athen zur Zeit des Perikles.** Rekonstruktion.

Perikles, der Heerführer

Plötzlich blicken alle zur Straße hin. Ein Mann von edler Gestalt kommt näher. „Das ist Perikles", flüstert Kritias. „Er ist einer der zehn Strategen*, die den Oberbefehl über unser Heer und unsere Flotte haben." Die Oberbefehlshaber werden immer nur für ein Jahr gewählt, wissen wir.

„Ja, aber Perikles wird in den letzten Jahren immer wieder gewählt", sagt Kritias. „Und das ist gut so, denn er hat viel für unsere Stadt getan. Er hat der Volksversammlung vorgeschlagen, mit dem Geld unserer Verbündeten die Tempel und Gebäude, die die Perser zerstört hatten, wieder aufzurichten. Er hat auch viele wichtige Gesetze durchgebracht, wie z. B. jenes, dass alle Richter, Soldaten und Beamten aus der Stadtkasse entlohnt werden. Sie bekommen für ihre Tätigkeiten jetzt Diäten*, d. h. eine Bezahlung."

Die Akropolis

Von der Pnyx werfen wir einen Blick auf die Akropolis mit ihren wunderschönen Bauten, wir denken an die Werkstätten mit den vielen Beschäftigten, an die Regierungsgebäude auf der Agora und es fallen uns die Worte ein, die Perikles gesagt haben soll: „Einer solchen Stadt gebührt aller Ruhm der Welt. Feinde und Untertanen, heutige und künftige Geschlechter werden mit Bewunderung uns betrachten."

3 *Erklärt die Bedeutung der Diäten für die Entwicklung der athenischen Demokratie.*

4 *Stellt euch vor: Ein ägyptischer Beamter besucht Athen. Nennt alle politischen Einrichtungen, die ihm fremd sind. Wie wird er darüber gedacht haben?*

5 *Erklärt mithilfe des Schaubilds 3 die Verfassung Athens und vergleicht sie mit der Verfassung Spartas (siehe S. 95).*

Diäten*: *Tagegelder, Aufwandsentschädigung, die auch heute noch die Abgeordneten (= gewählte Volksvertreter) für ihre Tätigkeit erhalten*

Archonten*: *Inhaber der höchsten Staatsämter*

Strategen*: *Feldherren, Heerführer*

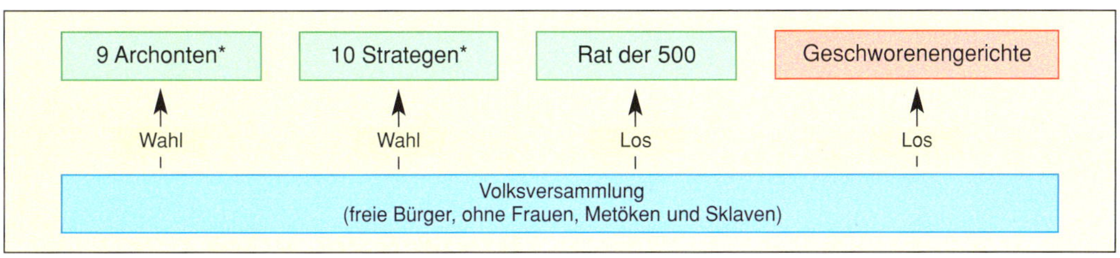

3 **Die Verfassung Athens.** Vereinfachtes Modell.

Griechen und Perser

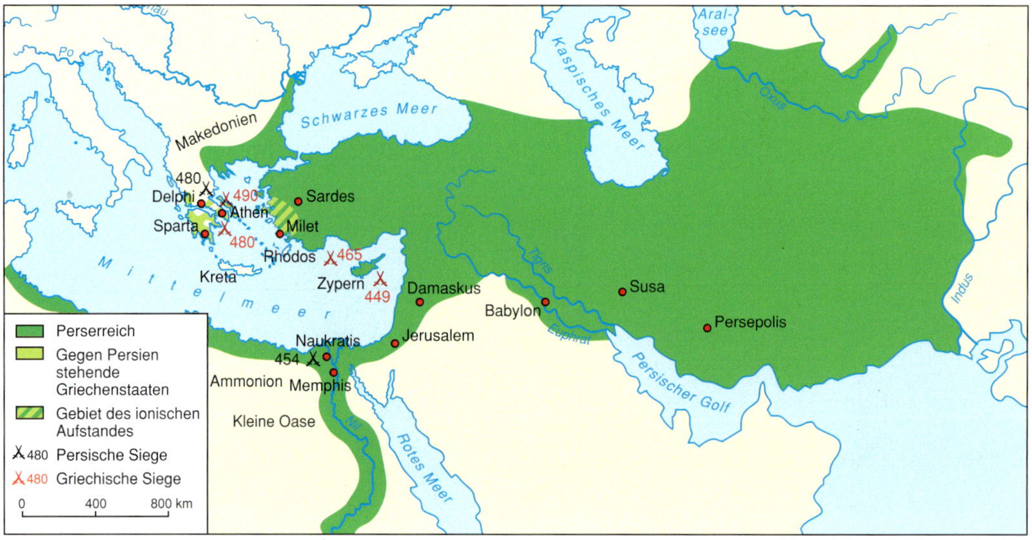

1 **Das Perserreich und die Perserkriege.**

Satrapie*: *Provinz des Persischen Reiches*

Satrap*: *Statthalter des Königs in einer Provinz*

Dareikos*: *Goldmünze im Perserreich*

Das persische Weltreich

Zu Beginn des 5. Jahrhunderts v. Chr. hatte Persien den Höhepunkt seiner Macht erreicht. Die Großkönige Kyros, Kambyses und Darius I. (521–485 v. Chr.) hatten ein Reich erobert, das von Indien bis zum Mittelmeer reichte. Die griechischen Städte an der Westküste Kleinasiens gehörten ebenso dazu wie Ägypten, das eine persische Provinz war. An der Spitze des Reiches, das in 20 Satrapien* eingeteilt war, stand der Großkönig, der von seinen Palästen in Susa und Babylon aus regierte. Er sah sich durch Ahuramazda, den allmächtigen Gott des Himmels, des Lichts und der Wahrheit, als „König der Könige" eingesetzt und dazu berufen, alle Länder und Völker der Erde unter seiner Herrschaft zu vereinen und so Frieden auf der Welt zu schaffen. Unterstützt in der Verwaltung seines riesigen Reiches wurde er von Statthaltern, die wiederum von heimlichen Beauftragten, den „Augen und Ohren des Königs", überwacht wurden. Jeder Satrap* befehligte seine eigene Streitmacht. Zusammen mit dem Heer des Königs, den „10 000 Unsterblichen", konnte so jeder Aufstand in den Provinzen niedergeschlagen werden. Damit der König aus den weit entfernten Gebieten seines Reiches wichtige Nachrichten möglichst schnell erhalten konnte, ließ er ein dichtes Straßennetz, so genannte Königsstraßen, anlegen. Reitende Boten konnten z. B. die 2600 km lange Strecke von Sardes in Kleinasien bis zur Königsstadt Susa in nur zwölf Tagen bewältigen. Einheitliches Geld, Goldmünzen mit dem Bildnis des Herrschers („Dareiken*") sowie innerer Friede ermöglichten einen regen Handel und großen Reichtum des Persischen Reiches.

2 **König Darius I. auf seinem Herrscherthron.** Persisches Relief, um 500 v. Chr.

1 *Zeigt auf einer Wandkarte die Ausdehnung des Persischen Reiches. Nennt die heutigen Länder, die dieses Reich umfasste.*

2 *Messt nach, wie viele Kilometer sich dieses Großreich in seiner größten Ausdehnung von Westen nach Osten und von Norden nach Süden erstreckte.*

Die Perserkriege

Der Ionische Aufstand

Seit 543 v. Chr. standen die griechischen Kolonien in Ionien (Kleinasien) unter persischer Herrschaft. Von Milet ausgehend, kam es 499 v. Chr. zu einem Aufstand griechischer Städte in Kleinasien, die um ihre Freiheit kämpften. Nur Athen und Eretria (siehe Karte 1, S. 88) waren bereit, die aufständischen Landsleute zu unterstützen, während Sparta aus Angst vor einem Aufstand der Heloten jede Hilfe verweigerte. So gelang es Darius, nach fünfjährigen wechselvollen Kämpfen den Aufstand niederzuwerfen. Milet wurde erobert und völlig zerstört, seine Bewohner wurden ins Landesinnere verschleppt. Da die Athener die Aufständischen mit einigen Schiffen unterstützt hatten, beschloss Darius, ganz Griechenland anzugreifen. Er hoffte auf wenig Widerstand zu stoßen, da das Land in viele Stadtstaaten zersplittert war und zerstritten schien.

Der Sieg von Marathon

491 v. Chr. erschienen Gesandte des Darius und forderten von den griechischen Stadtstaaten Erde und Wasser als Zeichen der Unterwerfung. Zeitgenössischen Berichten zufolge sollen die Athener die Gesandten von einem Felsen gestürzt und die Spartaner sie in einen Brunnen geworfen haben mit der Bemerkung, dort könnten sie Erde und Wasser genug finden.

Ein Jahr später landete ein gut ausgerüstetes persisches Heer mit etwa 20 000 Kriegern in der Ebene von Marathon. 10 000 athenische Hopliten unter der Führung des Strategen Miltiades zogen ihnen entgegen. Ihre Stärke war der Nahkampf, für den sie mit Helm und Brustpanzer besser gerüstet waren. Die Perser dagegen verfügten über glänzende Bogenschützen. Um ihren Pfeilhagel zu unterlaufen, griffen die Athener als Phalanx im Laufschritt an. Mit nur geringen Verlusten gelang es ihnen, im Nahkampf die Perser zu besiegen.

3 *Sucht den Ort Marathon auf der Karte 1, Seite 86.*

4 *Vergleicht die Abbildung 3 oben mit der Abbildung 1 auf Seite 94 und erklärt den Sieg der Griechen bei Marathon.*

3 Persischer Bogenschütze. Glasierter Ziegelschmuck aus dem Palast des Darius in Susa.

Der Feldzug des Xerxes

Zehn Jahre später plante der persische Großkönig Xerxes I. – Nachfolger des 485 verstorbenen Darius – einen erneuten Feldzug gegen Griechenland. Mit einem Heer von 50 000 Soldaten und über 1000 Schiffen brach er auf, um die persische Niederlage zu rächen. Um den Angriff abzuwehren, schlossen Athen und Sparta ein Bündnis.

Die Niederlage bei den Thermopylen

Am Pass der Thermopylen, einer Gebirgskette in Mittelgriechenland, stellte sich der spartanische König Leonidas mit über 7000 Kriegern den Persern entgegen, um den Vormarsch des übermächtigen Gegners aufzuhalten und ihn zurückzuschlagen. Doch ein griechischer Verräter zeigte dem persischen Großkönig einen geheimen Gebirgspfad, auf dem er den Engpass umgehen konnte. Als nun die Feinde in seinem Rücken auftauchten, gab Leonidas dem Hauptheer den Befehl, sich nach Süden abzusetzen, um dort eine neue Verteidigung aufzubauen. Er selbst hielt mit einer Elitetruppe dem Gegner lange Zeit stand, wurde aber doch umzingelt und in einem erbarmungslosen Kampf getötet.

Ein Gedenkstein, der später errichtet wurde, ehrt die Gefallenen so:

Wanderer, kommst du nach Sparta,
verkünde dorten,
du habest uns hier liegen gesehen,
wie das Gesetz es befahl.

*Bedeutende griechische **Feldherren in den Perserkriegen**:*

***Miltiades** (um 540 bis um 489 v. Chr.), Sieger bei Marathon*

***Leonidas**, spartanischer König, versuchte die Perser am Thermopylenpass aufzuhalten.*

Der Marathonlauf
Ein athenischer Bote soll vom Kampfplatz in Marathon in das 42 km entfernte Athen gelaufen sein, um der Bevölkerung den Sieg über die Perser zu melden. Daran erinnert noch heute der Marathonlauf bei den Olympischen Spielen und anderen sportlichen Wettbewerben.

Die Perserkriege

*__Triere*__: griechisches Kriegsschiff mit drei Ruderbänken übereinander und einem Rammsporn, um feindliche Schiffe zu versenken. Besatzung: 170 Ruderer, 20–50 Fußkämpfer*

***Themistokles** (um 525 bis nach 460 v. Chr.), Sieger von Salamis*

Die Perserkriege:

*– **490 v. Chr.:** Sieg der athenischen Truppen über das persische Heer in der Ebene von Marathon.*

*– **480 v. Chr.:** Entscheidungsschlacht auf dem Meer in der Bucht von Salamis. Die Flotte des Großkönigs Xerxes wird von den Athenern geschlagen.*

*– **477 v. Chr.:** Die meisten griechischen Staaten schließen sich zu einem Militärbündnis gegen die Perser zusammen (Attischer Seebund). Athen wird Führungsmacht.*

*– **449 v. Chr.:** Friedensvertrag zwischen dem Attischen Seebund und dem persischen Großkönig*

1 **Der Abschied des Kriegers.** Attische Vasenmalerei, um 440 v. Chr.

Der Sieg von Salamis

Nach dieser Niederlage der Spartaner war für das persische Heer der Weg nach Athen frei. Der Stratege Themistokles gab deshalb den Befehl, die Stadt zu räumen und Frauen und Kinder auf die Insel Salamis in Sicherheit zu bringen. Das delphische Orakel hatte nämlich den Athenern geraten, sich hinter hölzernen Mauern zu schützen. Das konnte nur die Flotte sein, die die Rettung bringen musste. Kampflos zogen die Perser in die Stadt ein und plünderten sie, die Akropolis ging in Flammen auf.

In der Meerenge von Salamis hatte Themistokles seine Flotte zusammengezogen und erwartete den persischen Angriff. Nur in der schmalen Durchfahrt zwischen der Insel und dem Festland waren die kleinen, aber schnellen und wendigen Trieren* der Athener den großen, aber schwerfälligen Kriegsschiffen der Perser überlegen. In einem günstigen Augenblick griffen die athenischen Dreiruderer an, die den genauen Küstenverlauf, die Untiefen und die Windverhältnisse bestens kannten, brachen die Ruder der persischen Schiffe und versenkten sie mit ihren Rammspornen. Nach einer zwölfstündigen Schlacht war der Sieg errungen. Xerxes floh nach Persien und ließ sein erfolgreiches Landheer in Griechenland im Stich, das ein Jahr später von den vereinigten Griechen geschlagen werden konnte. Damit war die Gefahr, unter persische Herrschaft zu geraten, für Griechenland endgültig vorüber.

1 *Betrachtet die Abbildung 1 und stellt euch eine ähnliche Abschiedsszene im Jahr 490 oder 480 v. Chr. vor. Wie könnte der Krieger von seiner Familie Abschied genommen haben? Spielt eine Stegreifszene.*

2 *Stellt euch vor, ihr habt als Kriegsberichterstatter einer athenischen Zeitung an der Schlacht bei Salamis teilgenommen. Verfasst eine Reportage.*

3 *Tragt Gründe für den Sieg der Athener zusammen. Was meint ihr zur Auffassung des griechischen Geschichtsschreibers Herodot, der den Sieg der Griechen darin begründet sah, dass die Volksversammlung die Athener zu „freien Menschen" gemacht habe?*

Der Attische Seebund

477 v. Chr. schlossen sich viele griechische Städte und Inseln unter Führung Athens zum Attischen Seebund zusammen, um die Perser von weiteren Angriffen abzuhalten. Athen vergrößerte dadurch seine Kriegsflotte und wurde zur führenden Handels- und Seemacht. Der Attische Seebund und der persische Großkönig vereinbarten 449 v. Chr. einen Friedensvertrag. Viele Bundesgenossen wollten daraufhin aus dem Bündnis austreten, was Athen mit Waffengewalt verhinderte.

4 *Überlegt, warum Athen die Auflösung des Attischen Seebundes mit Gewalt verhinderte.*

2 **Attische Triere zur Zeit der Perserkriege.** Modell.

Athen: Zentrum im Mittelmeer

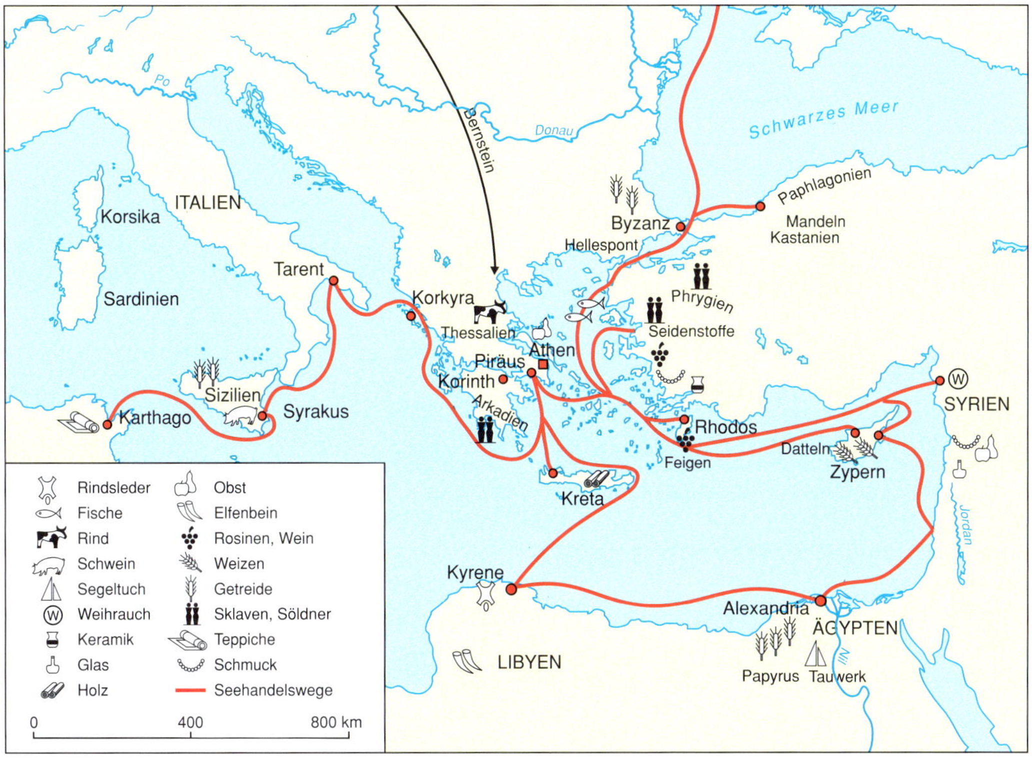

3 **Athenische Importwaren.**

Durch die Siege gegen die Perser und die Vorherrschaft im Attischen Seebund war Athen zum bedeutendsten Stadtstaat in Griechenland geworden. Die Bündnispartner mussten Abgaben zahlen, Athen unterhielt dafür eine große Kriegs- und Handelsflotte. Die Handelsschiffe der Athener durchfuhren das gesamte Mittelmeer, um athenische Waren zu verkaufen und um Luxusgüter und Lebensmittel nach Athen zu bringen.

Der griechische Dichter Hermippos berichtete um 430 v. Chr.:

Q … Uns bringen die Schiffe aus Kyrene Rindsleder. Vom Hellespont kommen Makrelen und Rindsleder jeglicher Art.
Rippenstücke vom Rind kommen aus Thessalien, ebenso Graupen. Syrakus liefert Schweine und Hartkäse. Es schickt uns Ägypten Tauwerk und Segeltuch, aber auch Papyrusrollen für Bücher.
Den Weihrauch beziehen wir aus Syrien. Aus Kreta Zypressenholz für die Götter.
Libyen verkauft uns, was wir an Elfenbein brauchen, Rhodos Rosinen und getrocknete Feigen.
Euböa liefert die Birnen und wohlschmeckende Äpfel, Phrygien Sklaven in Menge und Arkadien die Söldner für den Krieg.
Kastanien und Mandeln kommen aus Paphlagonien (nördliche Türkei), Datteln und feinstes Weizenmehl aus Zypern, Teppiche und bunte Kissen aus Karthago. …

Außerdem kamen noch jedes Jahr etwa 750 000 Zentner Getreide aus Ägypten, Sizilien und von der Schwarzmeerküste nach Griechenland.

5 *Ordnet die Einfuhrgüter nach Gruppen (Nahrungsmittel, Luxusgüter usw.).*

6 *Sucht die genannten Orte und Landschaften auf der Karte 3.*

7 *Vergleicht die Karte 1 mit einer entsprechenden Karte in eurem Atlas. Wie heißen die Länder, mit denen Athen Handel trieb, heute?*

In ***Amphoren*** *transportierten die Griechen vor allem Wein und Öl. Der bauchige Krug bestand aus gebranntem Ton und endete in einem engen Hals mit zwei Henkeln.*

Lesetipp:
Carl W. Weber: Segel und Ruder – Die Welt des Meeres bei den Griechen. dtv, München. Hier erfahrt ihr mehr über Kaufleute, Kapitäne, Piraten und Sklavenjäger.

Das klassische Athen als Vorbild

Die verschiedenen Richtungen (Stile) der griechischen Baukunst können wir an den Formen der Säulen, vor allem am Säulenoberteil (Kapitell), unterscheiden:

a) ***Dorischer Stil*** *(Süditalien, griechisches Festland)*

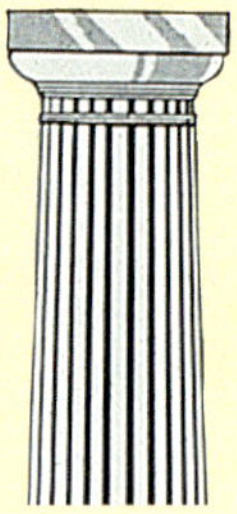

b) ***Ionischer Stil*** *(östliches Griechenland und Inseln)*

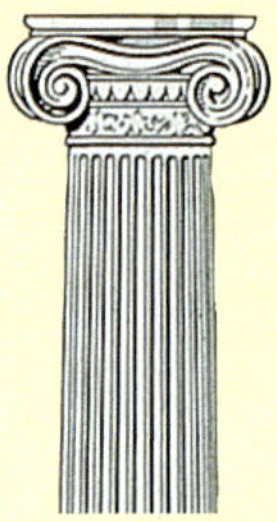

c) ***Korinthischer Stil*** *(vorwiegend an römischen Tempeln)*

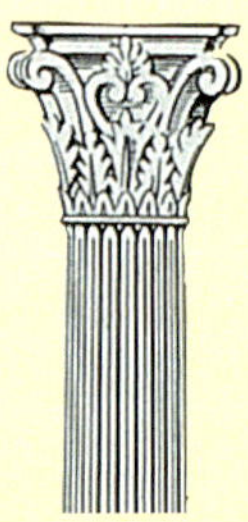

1 **Die Walhalla bei Regensburg.** Erbaut 1830–42. Foto.

2 **Die Propyläen auf dem Königsplatz in München.** Erbaut 1846–62. Foto.

Die Baukunst

Athen war nicht nur zum politischen und wirtschaftlichen Mittelpunkt Griechenlands geworden, sondern auch zum Vorbild auf allen Gebieten der Kunst. Unter Perikles wurden riesige Geldsummen ausgegeben, um die Akropolis, die 480 v. Chr. von den Persern vollkommen zerstört worden war, in einen der schönsten Tempelbezirke zu verwandeln. Sie sollte zu einer prunkvollen Stätte der Göttin Athene werden, um die Macht und den Glanz Athens für alle sichtbar werden zu lassen. Die künstlerische Leitung beim Bau des Parthenon hatte Phidias, der bedeutendste Bildhauer des 5. Jahrhunderts v. Chr.

Die Bauwerke der Griechen galten bis in unsere Zeit als vorbildlich wegen ihrer Schönheit und ihrer harmonischen Form. Noch im 19. und 20. Jahrhundert wurden zahlreiche Gebäude, deren Würde und Erhabenheit besonders betont werden sollten, in diesem Baustil errichtet.

1 *Vergleicht die Abbildung 1 auf Seite 90 mit den Abbildungen 1 und 2 oben. Nennt Gemeinsamkeiten und Unterschiede.*

2 *Sucht mithilfe eures Lehrers/eurer Lehrerin in einem Kunstführer nach weiteren Beispielen für derartige Baukunst in der Nähe eures Wohnortes. Wenn möglich, so macht Fotografien davon. Erstellt mithilfe dieser Bilder eine Wandzeitung für euer Klassenzimmer.*

Das Theater

Neben den Tempeln zählten die ▶ Theater zu den bedeutendsten Bauten der Athener. Das älteste Theater Athens war das am Südabhang der Akropolis gelegene Dionysos-Theater, das etwa 15 000 Zuschauern Platz bot. Die griechischen Theater bestanden aus einem kreisrunden Tanzplatz (Orchestra), dem bogenförmigen Zuschauerraum und den Bühnenbauten (Skene). Sie verfügten über eine hervorragende Akustik. In den Theatern der ganzen Welt werden heute noch die griechischen Schauspiele (Dramen) aufgeführt, ob als Komödien (Lustspiele) oder Tragödien (Trauerspiele).

3 *Überlegt, warum griechische Dramen heute noch aufgeführt werden.*

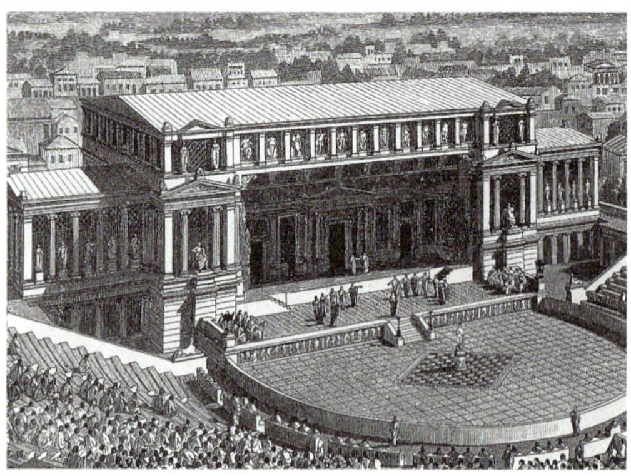

3 **Das Theater von Athen.** Rekonstruktionszeichnung.

Athen – Wiege der Wissenschaft

Exkursionstipp:
Antikenmuseum der Universität Leipzig

Skulpturensammlung im Albertinum, Dresden

Die Wissenschaft
Nicht nur in der Baukunst, auch in zahlreichen Wissenschaften gelten die Griechen als Lehrmeister. So hieß es im griechischen Volksglauben lange Zeit: Wenn Zeus seinen gewaltigen Schild schüttelt, bewegen sich die Wolken, bildet sich Gewitter, löst er den Donner aus; als furchtbare Waffe schleudert er den Blitz.
Seit dem 6. Jahrhundert v. Chr. aber gaben sich die griechischen Gelehrten mit derartigen Erklärungen nicht mehr zufrieden. Sie begannen planmäßig zu forschen. Weil sich diese Forscher vor allem für die Natur und die Naturgesetze interessierten, bezeichnet man sie als Naturphilosophen.
Warum, so fragten die Menschen damals, wird es Tag und Nacht? Warum sieht man von einem Schiff, das am Horizont auftaucht, zuerst den Mast? Warum gibt es Sonnen- und Mondfinsternisse?
Für jede Naturerscheinung suchte man jetzt eine natürliche Erklärung. Die Griechen haben auf diese Weise die Grundlagen für das wissenschaftliche Denken gelegt.
4 *Schlagt folgende Begriffe, die aus dem Griechischen stammen, im Lexikon nach: Physik, Mathematik, Astronomie, Geographie, Biologie, Architektur, Musik, Demokratie, Monarchie, Historie, Theorie, Logik.*

Die Philosophie
Mit Sokrates, der selbst keine einzige Zeile geschrieben hat, begann eine neue Epoche der griechischen und damit der europäischen Philosophie. Wir können über ihn bei seinem Schüler Platon nachlesen.
Sokrates wurde laut Platon in Athen als Sohn eines Bildhauers und einer Hebamme geboren. Er verbrachte sein Leben vor allem auf Marktplätzen und in den Straßen, wo er mit den unterschiedlichsten Leuten redete. Er wollte sie nicht belehren, sondern von seinen Gesprächspartnern lernen. Er fragte sie: „Was ist gut? Was ist böse?" Von sich selbst behauptete er: „Ich weiß, dass ich nichts weiß." Sokrates verglich seine Tätigkeit mit der Hebammenkunst. Wie die Hebamme bei der Geburt hilft, wollte auch er den Menschen bei der „Geburt" der Einsicht helfen. Als Philosoph* im wahrsten Sinne des Wortes ließ er sich für seine Lehrtätigkeit nicht bezahlen. 399 v. Chr. wurde er angeklagt, die Jugend zu verderben und die Götter nicht anzuerkennen. Mit knapper Mehrheit wurde er für schuldig befunden. Er bat nicht um Gnade, sondern trank im Kreis seiner engsten Freunde einen Becher mit Gift von der Schierlingspflanze. Sokrates hielt sein Gewissen für wichtiger als sein Leben.

Philosoph* *(griech. philos = der Freund, sophia = die Weisheit), fragt nach den Ursprüngen des Denkens und Seins, nach dem Wesen der Welt und der Stellung des Menschen im Universum.*

Forschung in der Medizin
Der Arzt Hippokrates (460–377 v. Chr.) übertrug das wissenschaftliche Denken auf die Medizin. Im Altertum wurden Krankheiten auf den Einfluss von Gottheiten zurückgeführt. Deshalb versuchte man sie mit Opfern an die Götter zu heilen. Hippokrates dagegen beobachtete seine Kranken sehr genau und schrieb sorgfältig alles auf, was ihm wichtig erschien. So wurde es ihm im Laufe der Zeit möglich, die Zeichen einer Krankheit genau zu deuten sowie Methoden und Mittel zur Heilung herauszufinden.

Noch heute gilt für jeden Arzt der Eid des Hippokrates:
Q … Ich werde die Grundsätze der Lebensweise nach bestem Wissen und Können zum Heil der Kranken anwenden, dagegen nie zu ihrem Verderben und Schaden. Ich werde auch niemandem eine Arznei geben, die den Tod herbeiführt, auch nicht, wenn ich darum gebeten werde. Ich werde auch keiner Frau ein Mittel zur Vernichtung keimenden Lebens geben. … Was ich in meiner Praxis sehe oder höre …, darüber werde ich schweigen. …

Sokrates. *Kopie einer Marmorbüste.*

5 *Erklärt, welchen Grund das so genannte Arztgeheimnis hat.*
6 *Begründet, warum sich aktive Sterbehilfe durch den Arzt nicht mit seinem hippokratischen Eid vereinbaren lässt.*

Hippokrates. *Kupferstich nach einer Marmorbüste.*

Die Geschichtsschreibung
Im 5. Jahrhundert v. Chr. entwickelte sich die griechische Geschichtsschreibung, als dessen „Vater" Herodot (gestorben um 430) gilt. Er verfasste unter anderem eine Geschichte der Perserkriege.

Das Leben der Frauen

1 Buntweberei am senkrechten Webstuhl.
Attische Malerei auf einem Trinkgefäß, um 430 v. Chr.

Bildung:
Mädchen gingen nicht zur Schule. Sie wurden zu Hause von ihren Müttern in Haushaltsführung, Spinnen und Weben unterrichtet. Viele Frauen aus wohlhabenden Familien konnten lesen und schreiben.

Lesende Athenerin.
Attisches Vasenbild, 5. Jahrhundert v. Chr.

Die Pflichten einer Frau

In der „Hauswirtschaftslehre" des Geschichtsschreibers Xenophon sagte der 30-jährige Gutsbesitzer Ischomachos zu seiner 14-jährigen Ehefrau:

Q1 … Deine Pflicht ist es, zu Hause zu bleiben und die Sklaven, die außerhalb des Hauses zu tun haben, hinauszuschicken. Diejenigen aber, die im Hause zu tun haben, musst du beaufsichtigen. Das, was ins Haus gebracht wird, musst du in Empfang nehmen. Du musst das, was sogleich gebraucht wird, verteilen, musst einschätzen, was als Vorrat gebraucht werden soll, und darauf achten, dass nicht der Vorrat für ein ganzes Jahr schon in einem einzigen Monat verbraucht wird.
Wenn man Wolle bringt, musst du darauf achten, dass alle davon Kleider bekommen, die es brauchen, und du musst ferner darauf achten, dass die getrockneten Nahrungsmittel ordentlich zubereitet werden. … Eine freilich von deinen künftigen Aufgaben wird dir vielleicht nicht erfreulich erscheinen: Du musst nämlich, wenn jemand im Hause krank geworden ist, dich auch darum kümmern, dass man ihn pflegt. … Sollten uns nun die Götter einst Kinder schenken, so wollen wir zusammen beraten, wie wir ihnen die beste Erziehung geben können, denn diese müssen unsere Gehilfen und besten Pfleger im Alter werden. …

1 *Nennt die Aufgabenbereiche, für die nach Meinung des Ischomachos seine Frau zuständig ist.*
2 *Beschreibt das Verhältnis zwischen Ischomachos und seiner Ehefrau.*

Die Frau in der Gesellschaft

Das Leben einer Athenerin spielte sich vermutlich hauptsächlich im häuslichen Bereich ab. Nur wenn sie zum Lebensunterhalt der Familie beitragen mussten, arbeiteten Frauen auch in der väterlichen Werkstatt mit oder gingen auf den Markt, um zu Hause angefertigte Waren zu verkaufen.
Eine willkommene Unterbrechung des Alltags brachten die zahlreichen Feste zu Ehren der Göttinnen und Götter, an denen alle Athenerinnen und Athener teilnahmen. Daneben gab es aber auch reine Frauenfeste: Am mehrtägigen Fest zu Ehren der Fruchtbarkeitsgöttin Demeter z. B. durften nur verheiratete Frauen teilnehmen.
Männer nahmen am häuslichen Leben kaum Anteil. Sie waren mehr unterwegs als daheim. Sie trafen sich auf dem Marktplatz, in den Sporthallen oder bei den Volksversammlungen. Abends lud man seine Freunde zu sich nach Hause ein. An diesen Zusammenkünften durften Frauen nicht teilnehmen.
Nur wenige Männer handelten anders. Zu ihnen gehörte auch Perikles.

Ein Wissenschaftler schrieb über ihn:

M … Niemand hätte etwas dabei gefunden, wenn Perikles seine Frau schlecht behandelt hätte. Dass er aber seine Frau als menschliches Wesen ansah, dass er wirklich mit ihr lebte, anstatt sie in die Frauengemächer zu verbannen, dass er Freunde zusammen mit ihren Frauen zu sich einlud, darüber regte sich jeder Athener auf. …

3 *Spielt folgende Situation:*
Ein Freund kommt ohne seine Frau zu Perikles; seiner Meinung nach gehört es sich einfach nicht, dass Frauen an abendlichen Zusammenkünften teilnehmen. Es empört ihn, dass Aspasia, die Frau des Perikles, anwesend ist. Es kommt zu einem Streitgespräch zwischen den dreien.

Metöken und Sklaven

2 **Sklaven in einer Schuhmacherwerkstatt.** Attisches Vasenbild, um 500 v. Chr.

3 **Ein Bürger, der zu viel getrunken hat, auf dem Heimweg von einem Fest. Eine Sklavin steht ihm bei.** Bild in einer attischen Trinkschale, um 480 v. Chr.

Mitbewohner ohne Rechte

Zur Zeit des Perikles lebten im Stadtstaat Athen etwa 300 000 Menschen. Politisches Mitspracherecht hatten aber nur etwa 40 000 Bürger. In Athen waren damals auch ungefähr 30 000 Ausländer ansässig, von den Athenern „Metöken", d. h. „Mitbewohner", genannt (siehe auch S. 96). Sie waren nach Athen gekommen, um hier in Handel, Handwerk oder im Bankgeschäft ihren Lebensunterhalt zu verdienen. Die Metöken mussten Militärdienst leisten und Steuern zahlen, blieben aber von den Volksversammlungen und von allen politischen Ämtern ausgeschlossen.

Sklaverei in Athen

Völlig rechtlos waren die etwa 100 000 Sklaven. Sie betrachtete man als Sache und nicht als Mensch. Bei den Griechen wurden alle Kriegsgefangenen automatisch in die Sklaverei gedrängt oder sie wurden durch Kauf erworben (Sklavenhandel). Die Sklaven konnten nicht mehr über sich verfügen und waren das Eigentum ihrer Besitzer. Kinder von Sklaven wurden ebenfalls Sklaven.

Auf dem monatlichen Sklavenmarkt wurden Männer, Frauen und Kinder von Sklavenhändlern wie Vieh angepriesen und verkauft. Schwerarbeit und Schmutzarbeit blieb in Athen vorwiegend den Sklaven überlassen. Sie arbeiteten als Handwerker in einem Betrieb oder waren als Dienerinnen oder Diener in einem Haushalt tätig. Einige waren auch Lehrer der Kinder reicher Familien. Zehntausende schufteten sich in den staatlichen Silberbergwerken zu Tode. Die Arbeit in den niedrigen Stollen dauerte von Sonnenauf- bis Sonnenuntergang. Ruhe- oder Feiertage gab es nicht.

Agatharchides, ein Grieche aus Kleinasien, berichtete um 120 v. Chr. über das Leben von Sklaven im Bergbau:

Q2 … Die jüngeren Männer arbeiten sich kriechend und mit einer Lampe an der Stirn vor, indem sie den Metalladern folgen. Das geschlagene Gestein wird von Kindern herausgeschleppt, und ältere Männer zertrümmern es mit dem Hammer. Das Kleingeschlagene wird dann zu Staub gemahlen mit Steinmühlen, die nicht von Ochsen, sondern von Frauen gedreht werden. Die Sklaven werden von bewaffneten Aufsehern bewacht und häufig geschlagen. Ohne Pause und ohne Rücksicht auf ihren körperlichen Zustand müssen sie arbeiten. Alle begrüßen den Tod, wenn er naht. …

4 *Das Schicksal der Sklaven hing sehr von ihrer Arbeit ab. Besprecht verschiedene Möglichkeiten.*

5 *Fremde, die in Athen wohnten, arbeiteten und Steuern zahlten, durften an den Volksversammlungen nicht teilnehmen und nicht wählen. Besprecht, ob es bei uns ähnliche Regelungen auch gibt.*

Lesetipp:
Über das Alltagsleben der alten Griechen könnt ihr mehr erfahren in dem Buch von Pierre Miquel: So lebten sie im alten Griechenland. Tessloff, Nürnberg.

Die Griechen und ihre Nachbarn

1 **Die Alexanderschlacht.** Links der makedonische König Alexander, im Streitwagen rechts der Perserkönig Darius III. mit seinem Wagenlenker. Römisches Mosaik aus Pompeji, um 100 v. Chr.

Philipp II. von Makedonien* *(359 bis 336 v. Chr.), ermordet von einem Freund seines Sohnes Alexander. Das Miniaturporträt aus Elfenbein (Höhe: 3 cm) wurde auf dem Boden der Grabstätte Philipps gefunden.*

431–404 v. Chr.:
Krieg zwischen Athen und Sparta (Peloponnesischer Krieg). Er endet mit der Kapitulation Athens.

356–336 v. Chr.:
Philipp von Makedonien unterwirft ganz Griechenland.

Aus der Bedrohung wird Krieg

Athens wirtschaftliche Macht und Größe erregte bei anderen griechischen Stadtstaaten nicht nur Bewunderung, sondern auch Sorge und Angst. So befürchtete Sparta, die stärkste Landmacht Griechenlands, einen Angriff der athenischen Kriegsflotte. Die Spartaner beschlossen daher, Athen zuvorzukommen und die Stadt anzugreifen.

Der Krieg zwischen Athen und Sparta

431 v. Chr. fiel ein spartanisches Heer in Attika ein, verwüstete das Land und fällte alle Olivenbäume. Die Landbewohner flüchteten in den Schutz der „langen Mauern". Zwei Jahre später brach in der übervölkerten Stadt die Pest aus. Über 100 000 Einwohner wurden von ihr dahingerafft; unter den Toten war auch Perikles.

Fast 30 Jahre dauerten die Kämpfe zwischen Sparta und Athen. 404 v. Chr. gelang es den Spartanern, Athen einzuschließen. Kein Getreideschiff konnte in den Hafen von Piräus mehr einlaufen. Die ausgehungerte Bevölkerung musste sich ergeben. Das demokratische System Athens brach zusammen.

Makedonien erringt die Vorherrschaft

Athen hatte seine beherrschende Stellung in Griechenland verloren, aber auch Sparta war von den langen Kämpfen erschöpft. Andere griechische Stadtstaaten wollten deshalb selber in den Kampf um die Vorherrschaft in Griechenland eingreifen.

Die Streitigkeiten der griechischen Städte untereinander nutzte König Philipp von Makedonien* (siehe Karte 2) aus. Mit einem schlagkräftigen Heer gelang es ihm, die Vorherrschaft über ganz Griechenland zu gewinnen. Zusammen mit Hilfstruppen aus den unterworfenen griechischen Städten wollte der makedonische König gegen die Perser ziehen, um sein Reich zu vergrößern und um Beute und Ruhm zu gewinnen. Bevor Philipp seinen Plan ausführen konnte, wurde er 336 v. Chr. ermordet. Die Herrschaft übernahm sein Sohn Alexander.

1 *Nennt Gründe für die Kämpfe zwischen den griechischen Stadtstaaten.*

2 *Überlegt, warum Sparta die Olivenbäume in Attika fällte.*

3 *Fasst die politischen Ziele des Makedonenkönigs Philipp zusammen.*

Alexander der Große

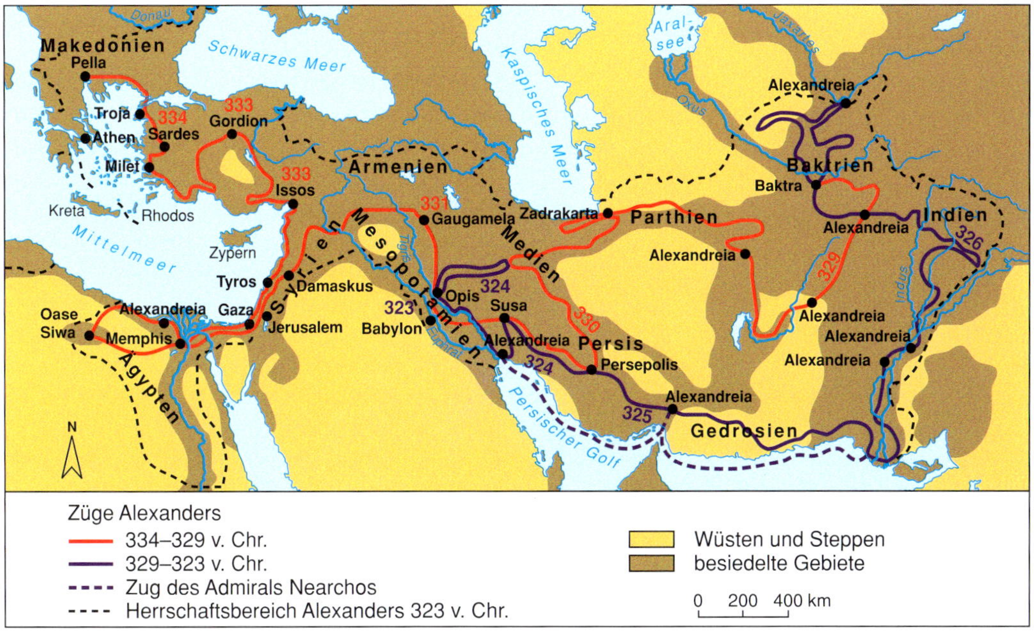

2 **Die Feldzüge Alexanders von Makedonien.**

333 v. Chr.:
Schlacht bei Issos, Niederlage und Flucht des Perserkönigs Darius

Die Münze zeigt ***Alexander den Großen*** *mit Widderhörnern. Sie sind das Zeichen des Gottes Ammon. Alexander wurde wahrscheinlich 356 v. Chr. geboren, er starb 323 v. Chr. in Babylon. Sein Lehrer war Aristoteles.*

Die Entstehung des Alexanderreiches

Als Alexander 336 v. Chr. König wurde, war er 22 Jahre alt. In seiner Jugend hatte er sich viel mit griechischen Heldensagen beschäftigt. Diesen griechischen Helden wollte er es gleichtun oder sie sogar übertreffen. Immer wollte er der Erste sein: im Sport, auf der Jagd und im Kampf. Er wollte erreichen, was vor ihm noch niemandem gelungen war. Im Jahr 334 v. Chr. zog Alexander, wie es sein Vater geplant hatte, gegen das Persische Großreich in den Krieg. Sein Heer bestand aus 5500 Reitern, 30 000 makedonischen und 7000 griechischen Fußsoldaten.

Alexander zog zunächst nach Troja und brachte dort den Göttern Opfer dar. Dann ließ er seine Truppen an der Küste Kleinasiens entlangmarschieren. Indessen zog der persische Großkönig Darius III. ein riesiges Heer zusammen. Im folgenden Jahr (333 v. Chr.) kam es zur Schlacht bei Issos, in der das persische Heer vernichtend geschlagen wurde. Die persische Königin, ihre Kinder und das ganze Heerlager mit unermesslichen Schätzen fielen in die Hände Alexanders.

Daraufhin schrieb Darius an Alexander und forderte die Freilassung seiner Familie.

Alexander antwortete:

Q … In offener Schlacht habe ich zuerst über deine Feldherren, jetzt über dich und deine Heeresmacht gesiegt. So bin ich durch der Götter Gnade Herr des Landes. Da ich nun Herr von ganz Asien bin, komm du gefälligst zu mir. … Wenn du aber zu mir kommst, dann fordere deine Mutter und Gattin und die Kinder und was du sonst wünschst von mir, und du wirst es erhalten. Und künftig hast du, wenn du wieder an mich schreibst, an mich als König von Asien zu schreiben. Du hast mit mir als dem Herrn über alles, was dein war, zu sprechen, wenn du etwas wünschst. … Wenn du mir aber noch die Königsherrschaft streitig machst, dann erwarte mich noch einmal zum Kampf und reiß nicht aus. …

4 *Lest in der Ilias des Homer nach und findet heraus, weshalb Alexander sich die griechischen Helden Achill und Herakles zu seinen Vorbildern wählte.*

5 *Beschreibt die Darstellung Alexanders und Darius' auf Abbildung 1.*

6 *Versetzt euch in die Lage des persischen Großkönigs und verfasst ein Antwortschreiben an Alexander.*

Alexander erobert das Perserreich

336–323 v. Chr.:
Alexander der Große eroberte das Perserreich. Sein Hauptziel war es, ein Weltreich an sich zu bringen und es zu beherrschen.

331 v. Chr.:
Schlacht bei Gaugamela, zweiter Sieg Alexanders über Darius. Einnahme der persischen Hauptstädte Susa, Babylon und Persepolis. Reiche Beute ermöglichte die Fortführung seiner Feldzüge.

*Um die Verwaltung des Reiches zu erleichtern und die wirtschaftlichen Bedingungen zu verbessern, führte Alexander eine einheitliche Währung ein, das **Alexandergeld**, und ließ Straßen zwischen den großen Städten seines Reiches anlegen.*

Lesetipp:
Pierre Briant: Alexander – Eroberer der Welt. Ravensburger, Ravensburg.

1 Ein Makedonier heiratet eine Perserin.
4. Jahrhundert v. Chr.

Die Eroberung des Perserreiches

Alexander führte sein Heer an der Küste nach Süden. Die Hafenstadt Tyros konnte erst nach monatelanger Belagerung erobert werden. Alexander ließ sie zerstören und die gesamte Bevölkerung niedermachen oder in die Sklaverei verkaufen. Ägypten, das unter persischer Herrschaft stand, fiel ihm kampflos zu. Von den ägyptischen Priestern wurde er als Gott verehrt. An der Mündung eines Nilarms gründete er einen Flottenstützpunkt, der seinen Namen trug: Alexandria (siehe S. 114/115). Die Stadt wurde schnell zu einem Handels- und Kulturzentrum im Mittelmeerraum und behielt diese herausragende Stellung bis zu ihrer Eroberung durch die Araber 642 n. Chr.

331 v. Chr. schlugen Alexanders Krieger den persischen König zum zweiten Mal. Darius musste fliehen. Alexander aber bestieg in Susa, der Hauptstadt des Persischen Reiches, den Thron.

Die Massenhochzeit in Susa

Nach der Flucht des Perserkönigs betrachtete sich Alexander als Nachfolger des Darius. Er wollte Herr über ganz Asien werden. Alexander erkannte aber auch die Notwendigkeit, Makedonen und Perser auszusöhnen. Durch Knüpfung verwandtschaftlicher Beziehungen sollten aus ehemaligen Feinden Freunde werden. Deshalb ließ Alexander in Susa eine Massenhochzeit feiern.

Makedonische Offiziere und enge Berater Alexanders vermählten sich mit Frauen aus dem persischen Adel und erhielten von ihm reichlich Geschenke. Alexander selbst heiratete eine Tochter des Darius und übernahm damit die persische Sitte der Vielehe; er hatte nämlich bereits eine Frau. 10 000 Soldaten sollen sich mit Perserinnen verheiratet haben, einige wurden zur Ehe gezwungen. Kritik an dieser Aktion wurde nicht geduldet. Die Kinder aus diesen Ehen sollten später den Grundstock für ein neues Alexanderheer bilden.

1 *Messt auf der Karte 2, Seite 109, nach, wie lang die gesamte Wegstrecke für die Soldaten war, die den ganzen Krieg mitgemacht haben.*

2 *Nennt Maßnahmen Alexanders, die ihm die Regierung und Verteidigung des Riesenreiches erleichtern sollten. Wie denkt ihr darüber?*

Der Streit zwischen Alexander und seinen Soldaten

Nachdem Darius ein weiteres Mal vernichtend geschlagen und auf der Flucht von einem seiner Satrapen ermordet worden war, war der Widerstand der Perser endgültig gebrochen. Alexander nahm als König des Persischen Großreiches immer mehr die Gewohnheiten seiner persischen Vorgänger an. Er trug die persische Königskrone (Tiara) und forderte den Kniefall des Besuchers bei der Begrüßung. Das aber verweigerten die makedonischen Soldaten.

Das Verhältnis zwischen ihnen und Alexander verschlechterte sich weiter, nachdem immer mehr Perser als Statthalter in den Provinzen eingesetzt worden waren und als Offiziere im Heer ihren Dienst taten. Es kam zu Unruhen, die Alexander mit Gewalt niederschlagen ließ.

Auch sein Freund Kleitos, der ihm einst in der Schlacht das Leben gerettet hatte, büßte seine Kritik mit dem Leben: Alexander erstach am Ende eines Streits den Freund mit dem Speer.

3 *Teilt eure Klasse in zwei Gruppen: Die eine Gruppe verfasst einen Protestbrief der Makedonen an Alexander und die zweite Gruppe einen Rechtfertigungsbrief Alexanders.*

Die Ausbreitung der griechischen Kultur

2 **Die Herrschaftsbereiche der Nachfolger Alexanders und wichtigste Handelsgüter.**

Der Weltherrscher ▶ Alexander der Große

Nach all seinen Erfolgen strebte Alexander danach, die Herrschaft über die ganze bekannte Welt zu gewinnen. Als er aber über den Indus hinaus vordringen wollte, weigerten sich die Soldaten weiterzuziehen. Der Feldzug wurde abgebrochen. Ein Teil des Heeres kehrte auf dem Seeweg nach Makedonien zurück. Den Rest führte Alexander durch die Wüste Gedrosiens (siehe Karte 2, S. 109). Dabei sollen mehr als 40 000 Soldaten umgekommen sein. Während der Vorbereitung eines neuen Feldzugs in den Süden starb Alexander 323 v. Chr.

4 *Schreibt die wichtigsten Stationen in Alexanders Herrscherlaufbahn auf.*

Die Reiche der Nachfolger Alexanders

Alexander hatte keine eigenen Nachkommen, sodass sich seine Generäle um die Nachfolge stritten. Fast 50 Jahre lang kämpften sie um die Vorherrschaft. Schließlich entstanden drei größere Diadochenreiche*, die nach den neuen Königsgeschlechtern benannt wurden.

Wie Alexander waren die neuen Könige Alleinherrscher und ließen sich wie Götter verehren. In allen Nachfolgereichen wurden auch weiterhin neue Städte gegründet. Griechen und Griechisch sprechende Einheimische übernahmen die wichtigsten Ämter. Tempel, Theater, Sportanlagen und Wohnviertel wurden nach griechischem Vorbild gebaut. Griechisch war die Sprache, mit der sich die Einwohner unterschiedlicher Herkunft miteinander verständigten. Die neue Weltkultur, die damals entstand, nennt man den ▶ Hellenismus*. Griechisch wurde die Sprache dieser hellenistischen Welt.

Die Stadt Alexandria in Ägypten, 332/331 v. Chr. von Alexander gegründet, war eine der bedeutendsten und wohlhabendsten Städte der hellenistischen Welt (siehe S. 114/115). Die großen Hauptstädte der hellenistischen Reiche waren auch Mittelpunkte des geistigen und kulturellen Lebens.

5 *Beschreibt nach der Karte 2 die Reiche der Nachfolger Alexanders und vergleicht sie.*

6 *Fertigt mithilfe der Karte 2 eine Liste der wichtigsten Handelsgüter an. Stellt fest, aus welchen heutigen Ländern die Waren kamen.*

7 *Erklärt den Begriff „Hellenismus“.*

Diadochen* *(griech. diadochos = Nachfolger): um den Vorrang streitende Nachfolger einer bedeutenden Persönlichkeit.*

▶ Hellenismus*:
Der Siegeszug Alexanders hatte zur Folge, dass sich im Mittelmeerraum und im Orient die griechische Sprache und die Lebensformen der Hellenen weit verbreiteten. Diese Epoche (323–30 v. Chr.) bezeichnen wir deshalb mit dem Begriff „Hellenismus“.

323 v. Chr.:
Tod Alexanders. Er starb im Alter von 33 Jahren in Babylon, vermutlich an Malaria. Sein nächstes Ziel, die Eroberung der arabischen Halbinsel, konnte er nicht mehr in Angriff nehmen. Alexander hinterließ keine Nachkommen.

Methode: Arbeit mit Textquellen

Texte „entschlüsseln“

Textquellen liefern uns wertvolle Informationen über Menschen, die früher gelebt haben, und über längst vergangene Ereignisse. Allerdings sind diese Quellen manchmal schwer zu verstehen, beleuchten nur einen kleinen Ausschnitt oder vertreten eine ganz bestimmte Meinung. Die folgenden Arbeitsschritte und Leitfragen sollen euch die Arbeit mit Textquellen erleichtern.

1. Schritt
Fragen zum Text

- Wovon handelt der Text? Hier geht es um die Beantwortung der so genannten W-Fragen: Wer? Wo? Wann? Was? Wie? Warum?
- Gibt es unbekannte Wörter, die ihr im Lexikon nachschlagen müsst?
- Wie ist der Text gegliedert? Könnte man für einzelne Abschnitte Überschriften finden? Welcher Gesichtspunkt steht im Mittelpunkt des Berichtes?
- Welche Widersprüche, Übertreibungen oder einseitigen Darstellungen enthält der Text?

2. Schritt
Fragen zum Verfasser

- Welche Informationen besitzen wir über den Verfasser (Autor)?
- Hat der Schreiber die Ereignisse, über die er berichtet, selbst miterlebt?
- Welche Absichten verfolgte der Verfasser mit seinem Text? Wollte er sich z. B. bei bestimmten Leuten beliebt machen oder wurde er gar dafür bezahlt, Ereignisse oder Personen auf eine ganz bestimmte Weise darzustellen? Ging es dem Autor darum, bewusst etwas Wichtiges für die Nachwelt festzuhalten?
- Versucht der Autor neutral zu sein oder ergreift er Partei für bestimmte Personen?

3. Schritt
Arbeit mit der Textquelle

In diesem Geschichtsbuch findet ihr bei fast jeder Textquelle Fragen zum Inhalt.

- Beim Beantworten dieser Fragen solltet ihr versuchen die Antworten mit eigenen Worten wiederzugeben und nicht lange Sätze aus dem Text zu zitieren.
  Es ist sinnvoll, dass ihr euch kurze Notizen macht; so könnt ihr die Fragen später schneller beantworten.
- Wenn möglich vergleicht Textquellen von unterschiedlichen Autoren und auch aus verschiedenen Zeiten über dasselbe Ereignis oder dieselbe Person.

Die folgenden Textquellen handeln von dem euch schon bekannten Alexander dem Großen. Lest sie genau durch und geht nach den oben genannten Arbeitsschritten vor.

Der sagenhafte Alexander

Die Menschen erzählten sich jahrhundertelang diese Anekdote über den Makedonenkönig Alexander:

M1 Bei seinem Zug durch Kleinasien soll Alexander 333 v. Chr. mit seinen Soldaten auch in die persische Stadt Gordion gelangt sein. Hier befand sich der berühmte Streitwagen des Königs Gordios. Deichsel und Joch sollen mit einem für den Betrachter nicht sichtbaren Knoten verbunden gewesen sein. Laut Orakel sollte derjenige Herrscher über Asien werden, der den Knoten lösen konnte. Alexander soll den Gordischen Knoten mit einem Schwerthieb zerschlagen und dabei gerufen haben: „Nun ist er gelöst.“

Der griechische Geschichtsschreiber Arrianus Flavius (um 95 bis um 175 n. Chr.) beschrieb den Perserfeldzug Alexanders und teilte über die Lösung des Gordischen Knotens in seinem Werk mit:

Q1 … Der Knoten war aus der Rinde der Kornelkirsche und man sah weder Anfang noch Ende. Alexander wusste kein Mittel, wie er zu lösen sei, konnte ihn aber auch nicht so lassen. … So zerschlug er ihn, wie manche sagen, mit einem Schwerthieb in zwei Hälften. Doch Aristoboulos berichtet, dass er den Pflock aus der Deichsel zog, und so, während er den Knoten in der Hand hielt und zog, das Joch von der Deichsel trennte. …

Der neuzeitliche Autor Siegfried Fischer-Fabian schreibt über die Hintergründe beim angeblichen Lösen des Gordischen Knotens:

M2 … Die Stimmung der Truppe war auf dem langen Marsch über

verschlammte Wege und überflutete Täler unter pausenlos strömendem Regen nicht besser geworden. In der Stadt erwarteten Alexander weitere schlechte Nachrichten. Zwar war Parmenion mit seinem Heer wie verabredet pünktlich erschienen, die Urlauber auf Ehrenwort ließen jedoch auf sich warten. Als sie endlich im Laufe des Frühjahrs die zerfallenen Tore passierten, brachten sie gerade 3000 Soldaten zu Fuß und 300 Reiter mit an Rekruten; weit weniger, als Alexander erwartet hatte. Die von der Ägäis eintreffenden Boten konnten ihn nicht froher stimmen: Memnon (persischer Feldherr) hatte inzwischen Chios eingenommen, ... ja, er schickte sich an, mit seiner Flotte den Hellespont zu blockieren und damit den lebenswichtigen Nachschub aus Makedonien.
Alexander beschloss ... die entscheidende Schlacht mit Dareios zu suchen. Vor dem Abmarsch kam Aristandros, der Seher, zu ihm und erzählte ...: „Wer den aus dem Bast der Kornelkirsche geknüpften Knoten ... zu lösen vermöge, dem werde die Herrschaft über ganz Phrygien zufallen." Der Makedone war zu sehr der Magie ergeben, als dass er auch nur einen Moment gezögert hätte, die Probe zu wagen und das Orakel zu erfüllen. ...

Nachdem ihr die Arbeitsschritte 1 und 2 erledigt habt, folgen nun die Aufgaben zu den Quellen:

1 *Charakterisiert Alexander den Großen, nachdem ihr M1 gelesen habt.*

2 *Schildert, welchen Eindruck ihr von Alexander habt, wenn ihr Q1 zugrunde legt.*

3 *Nennt Ursachen, die ihn laut M2 förmlich zum Lösen des Gordischen Knotens getrieben haben.*

4 *Findet einen Unterschied in der Beschreibung der Bedeutung heraus, die der Gordische Knoten in M1 und M3 hat. Diskutiert, wie es zu diesen Abweichungen gekommen sein könnte.*

War Alexander immer ein Held?
Beim Durcharbeiten der Quellen 2 und 3 geht ihr wieder nach den drei Arbeitsschritten vor.

Plutarch, ein griechischer philosophischer Schriftsteller (um 46 bis um 119 n. Chr.), schrieb über die Pläne Alexanders des Großen:

Q2 ... Er war vielmehr von dem Bewusstsein erfüllt, von den Göttern als Ordner und Friedensstifter für die Welt gekommen zu sein. Er versuchte die Völker der ganzen Welt in einem einzigen Staat zu vereinigen, indem er Lebensgewohnheiten, Sitten und Bräuche miteinander mischte. Alle sollten die Erde als ihr Vaterland, die Guten und Anständigen als Verwandte, die Schurken als Fremde betrachten. ...

5 *Beschreibt, wie sich laut Plutarch Alexander selbst sah.*

6 *Nennt das Hauptziel Alexanders und seine Wege, dieses Ziel zu erreichen.*

Obwohl Alexander nur ein kurzes Leben vergönnt war, beeinflusste er den Lauf der Geschichte nachhaltig. Seine Zeitgenossen und auch spätere Biografen sahen ihn aber nicht nur als mutigen Helden.

Wie Plutarch berichtete, empörte sich bei einem Fest der Reitergeneral und Freund Alexanders, Kleitos, über den wachsenden Einfluss der Perser im Reich:

Q3 ... „Es ist nicht gut, wenn Makedonen, die viel besser gewesen sind als die Spötter, von Barbaren verhöhnt werden. Durch das Blut der Makedonen ... bist du so groß geworden, dass du dich als Gottes Sohn aufspielst."
Wütend antwortete Alexander: „Meinst du, dass du davon viel Freude haben wirst, mich zu beschimpfen und die Makedonen aufzuwiegeln, du Schurke?"
„Wir haben jetzt keine Freunde", rief Kleitos, „wenn das der Lohn unserer Mühe ist. Wir nennen diejenigen glücklich, die gefallen sind, ehe sie erleben mussten, wie Makedonen mit persischen Stöcken geschlagen werden und bei Persern darum betteln müssen, vor ihren König treten zu dürfen." ...
Alexander riss der Palastwache den Speer aus der Hand und erstach Kleitos. Danach trauerte er tagelang um den getöteten Freund.

7 *Nennt die Vorwürfe, die Kleitos gegenüber Alexander erhebt, und beschreibt Alexanders Reaktion darauf.*

8 *Versucht Antworten auf die Zwischenüberschrift „War Alexander immer ein Held?" zu finden und begründet eure Meinung.*

Alexandria – Kulturzentrum am Nil

1 **Archimedische Schrauben.** Rekonstruktion. Um das Wasser aus großen Tiefen heraufzuholen, mussten viele Schrauben hintereinander angebracht werden. Jede Schraube war 5 m lang und hob das Wasser um 1,5 m. Die Schrauben wurden von Sklaven mit den Füßen gedreht.

Museion*:
Gebäude in Alexandria. Hier hatten die ägyptischen Könige eine Gruppe von Gelehrten um sich geschart.
Das Museion war als Forschungszentrum den Musen gewidmet, also den Göttinnen von Kunst und Wissenschaft.

Bibliothek von Alexandria*:
Die große Bibliothek wurde 47 v. Chr. von Cäsar zerstört. 30 v. Chr. eroberten die Römer Alexandria und gliederten Ägypten in das Römische Reich ein. 391 n. Chr. brannten die Christen die kleine Bibliothek als Stätte heidnischer Kultur nieder.

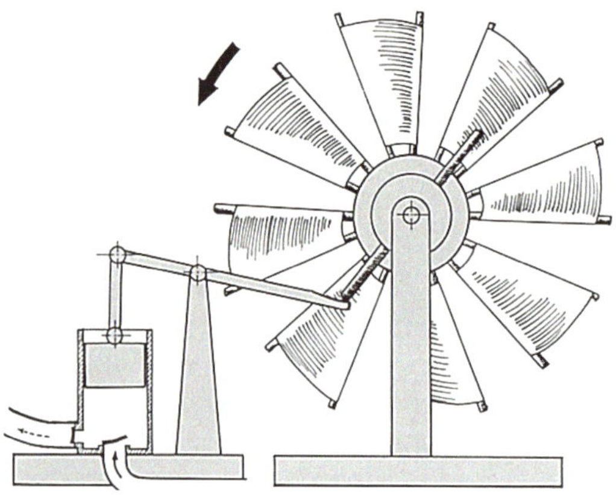

2 **Das vom alexandrischen Ingenieur Heron erfundene Windrad.**

Alexandria – eine griechisch-ägyptische Weltstadt

Die Hauptstädte der hellenistischen Herrscher wurden zu Zentren der Kunst und der Wissenschaft.
Besondere Bedeutung erlangte das von Alexander dem Großen im Nildelta gegründete Alexandria. In der seit 331 v. Chr. griechischen Hauptstadt Ägyptens lebten etwa 600 000 Menschen. Die Ptolemäerkönige errichteten hier ein staatlich finanziertes Forschungszentrum, das Museion*.

Das Museion

Hier wurden mathematische, astronomische, geographische, medizinische, zoologische und botanische Studien betrieben. Das Museion, an dem über 100 Wissenschaftler lehrten und forschten, besaß neben einem Zoo und einem botanischen Garten auch die damals größte Bibliothek* der Welt mit mehr als 700 000 Buchrollen. Man fand dort z. B. heraus, dass die Erde eine Kugel ist und sich um sich selber dreht. Auch der Erdumfang wurde mit erstaunlicher Genauigkeit berechnet. Der Ingenieur Heron entwickelte Wasseruhren, Seilwinden, Vermessungsinstrumente, automatische Türen und vieles mehr. Der Mathematiker Euklid schrieb ein Geometriebuch, dessen Regeln bis heute benutzt werden. Der Mathematiker und Physiker Archimedes, der in Alexandria studiert hatte, erfand unter anderem eine Vorrichtung, mit der man bis zu 200 m tiefe Bergstollen entwässern konnte.

1 *Erklärt anhand der Abbildung 1 die „Archimedische Schraube".*

2 *Beschreibt den Mechanismus des Windrades. Wozu ließ sich diese Maschine in der Antike benutzen?*

3 *Unser Ausdruck „Museum" ist von „Museion" abgeleitet. Beschreibt, was wir heute unter einem Museum verstehen.*

Ein Stadtbummel durch das antike Alexandria

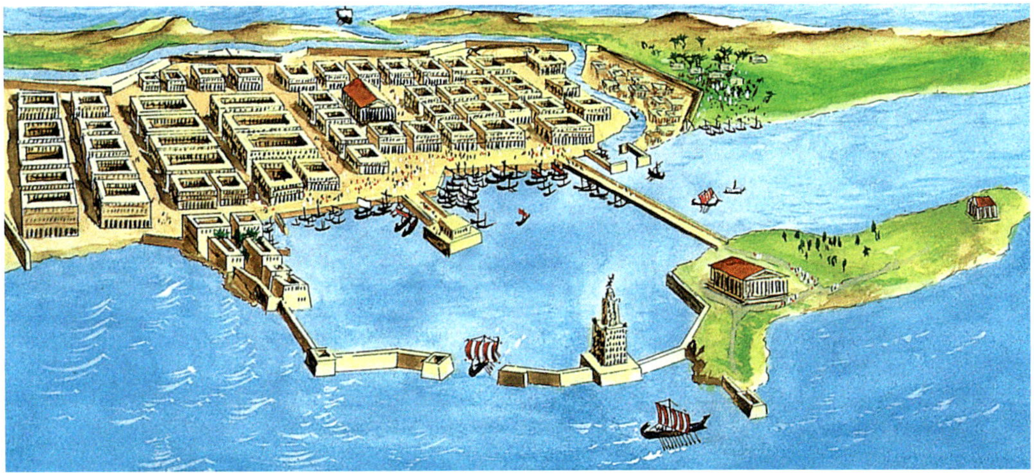

3 **Alexandria in Ägypten.** Modellzeichnung.

Das Museion war nicht die einzige Sehenswürdigkeit in Alexandria.

Der griechische Geograph Strabo (64 v. Chr. bis 14 n. Chr.) besuchte die Stadt und berichtete:

Q … Die ganze Stadt wird von Straßen durchschnitten, die Platz für Wagen und Reiter bieten. … Die Stadt besitzt sehr schöne öffentliche Bezirke und den Bezirk der Königspaläste; er allein macht fast ein Drittel des Stadtgebietes aus. Zum Palastviertel gehört auch das Museion mit der Wandelhalle und dem Speiseraum für die Wissenschaftler. Am großen Hafen … liegt die Insel Pharos mit ihrem berühmten, über 160 m hohen Leuchtturm. Hinter dem Hafen erheben sich das Theater, der Poseidontempel, der Marktplatz und die Warenlager, dahinter die Schiffswerften.
Jenseits des Kanals liegt noch ein kleiner Stadtteil, dann die Totenstadt, eine Vorstadt mit vielen Gärten, Gräbern und Stätten zum Einbalsamieren der Toten. Diesseits des Kanals liegen das Heiligtum des ägyptisch-griechischen Gottes Serapis und andere alte Tempelbezirke, dazu ein Amphitheater und ein Stadion. … Kurz, die Stadt ist voll von Heiligtümern; das schönste Gebäude aber ist das Gymnasion mit Säulenhallen von fast 200 m Länge. …

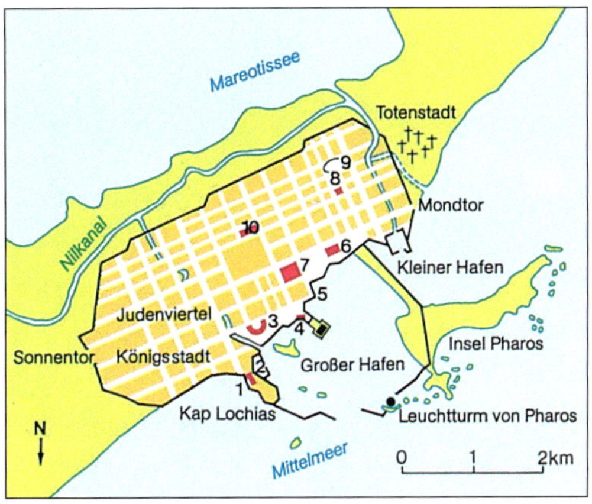

4 **Alexandria.** Stadtplan.
① = Königspalast, ② = königlicher Hafen, ③ = Theater, ④ = Poseidon-Heiligtum, ⑤ = Schiffswerften, ⑥ = Museion, ⑦ = Bibliothek, ⑧ = Serapis-Heiligtum, ⑨ = Stadion, ⑩ = Gymnasion.

4 *Sucht in der Quelle Hinweise darauf, dass in Alexandria Griechen und Ägypter wohnten.*
5 *Nennt mithilfe des Textes in der Randspalte Gründe, mit denen Strabo den außergewöhnlichen Reichtum der Stadt erklärt.*
6 *Sucht die von Strabo in der Quelle genannten Orte in den Abbildungen 3 und 4.*
7 *Alexandria war keine gewachsene, sondern eine geplante Stadt. Begründet diese Behauptung.*

Strabo über den ***Reichtum der Stadt Alexandria:***
„Der Wohlstand der Stadt aber ist vor allem darin begründet, dass von ganz Ägypten allein dieser Platz geschaffen ist sowohl zum Seehandel wegen guter Hafenverhältnisse und zum Binnenhandel, da der Strom (Nil) wie ein bequemer Fährmann alles transportiert. Gewaltige Flotten werden von hier ausgesandt und bringen die wertvollsten Frachten nach Alexandria, von wo sie gleich weitergesandt werden. So kommen doppelte Zölle ein: von der Einfuhr und von der Ausfuhr."

Lesetipp:
Der Leuchtturm von Alexandria zählt zu den „Sieben Weltwundern". In dem gleichnamigen Buch (Reihe „Was ist was", Band 81, Tessloff, Nürnberg) erfahrt ihr mehr über die berühmten Bauwerke der Antike.

Werkstatt Geschichte: Griechenland-Quiz

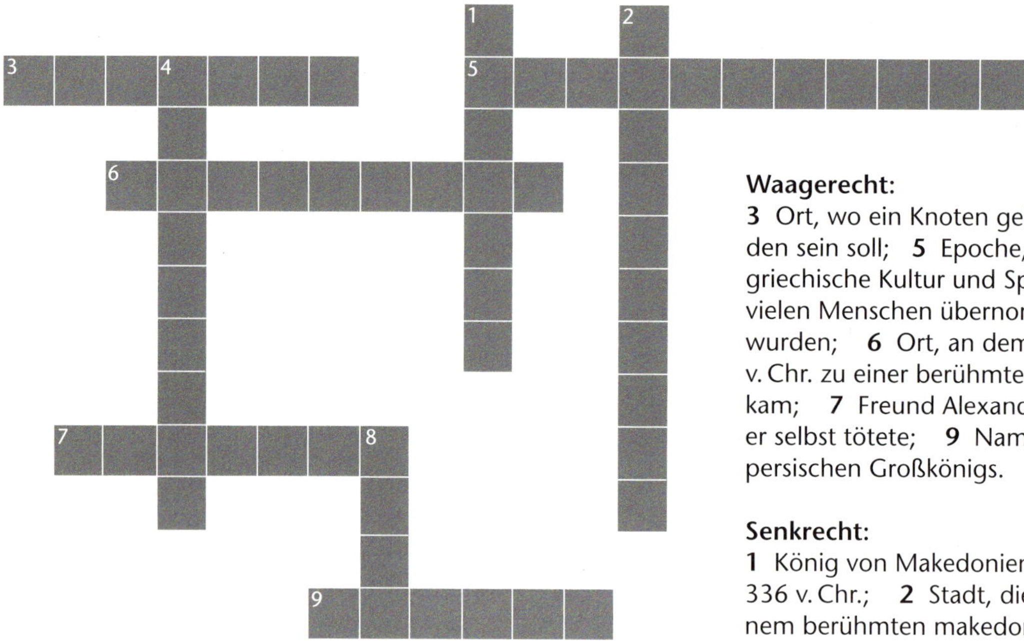

Waagerecht:
3 Ort, wo ein Knoten gelöst worden sein soll; **5** Epoche, in der griechische Kultur und Sprache von vielen Menschen übernommen wurden; **6** Ort, an dem es 331 v. Chr. zu einer berühmten Schlacht kam; **7** Freund Alexanders, den er selbst tötete; **9** Name eines persischen Großkönigs.

Senkrecht:
1 König von Makedonien, 359 bis 336 v. Chr.; **2** Stadt, die nach einem berühmten makedonischen Herrscher benannt wurde; **4** Bezeichnung für die Nachfolger Alexanders; **8** Stadt, in der eine riesige Hochzeitsfeier stattfand.

Kreuzworträtsel
Oben seht ihr ein Kreuzworträtsel. Bevor ihr mit dem Lösen des Rätsels beginnt, müsst ihr euch von dieser Buchseite zuerst eine Kopie machen. Dann lest ihr euch die Erklärungen für die waagerechten und senkrechten Begriffe durch und tragt die Lösungen in die Felder des Kreuzworträtsels ein. Wenn euch keine Antwort einfällt oder ihr bei der Schreibung der fehlenden Begriffe unsicher seid, schlagt im Buch nach. Alle gesuchten Wörter kommen in dem Kapitel über Griechenland vor. Ihr könnt auch ein eigenes Kreuzworträtsel erstellen. Sucht euch als Erstes die Begriffe heraus, die ihr ins Rätsel einbauen wollt. Ordnet dann die Begriffe so an, dass einige von ihnen sich mit anderen kreuzen (z. B. 4 senkrecht mit 6 waagerecht). Zählt genau aus, wie viele Buchstaben die gesuchten Begriffe haben, und malt euch ein Kreuzworträtsel entsprechend euren Begriffen auf ein Blatt kariertes Papier. Nun müsst ihr noch überlegen, wie ihr die gesuchten Begriffe umschreibt oder definiert. Bei Personen können z. B. die Lebensdaten oder der „Beruf" angegeben werden. Professionelle Hilfe zum Erstellen eines Kreuzworträtsels findet ihr im Internet unter www. puzzlemaker. com.

Silbenrätsel
a – a – ae – ben – di – di – en – ken – kles – ko – kro – lis – lo – lymp – me – ni – o – on – pe – po – ri – scher – skla – sta – ten – then – toe – ven

Mit diesen Silben könnt ihr die folgenden Begriffe herausfinden: Sportstätte – athenischer Staatsmann – heiliger Berg des Zeus – griechische Tochterstädte – größte Bevölkerungsgruppe Athens im 5. Jahrhundert v. Chr. – „Abstimmungszettel" der athenischen Volksversammlung – Tagegelder für Beamte – berühmte Stadt Griechenlands – der „Burgberg" Athens – die „Mitbewohner" Athens.

Wenn ihr aus dem ersten Begriff den 4. Buchstaben herausschreibt, aus dem zweiten den 2., aus den folgenden Begriffen den 4., 2., 2., 5., 3., 2., 8. und 2. Buchstaben, dann erhaltet ihr als Lösungswort einen Begriff, der in der Geschichte Athens eine wichtige Rolle spielte.

Zusammenfassung

Frühe Hochkulturen
Seit der Mitte des 3. Jahrtausends v. Chr. entwickelte sich auf der Mittelmeerinsel Kreta eine frühe Hochkultur, deren Zentrum der zu Beginn dieses Jahrhunderts ausgegrabene Palast von Knossos war. Kriegerische Festlandgriechen eroberten die Insel und übernahmen das Erbe der Kreter. Die ab der Mitte des 2. Jahrtausends neu entstandene Hochkultur trägt ihren Namen nach einem der Herrschaftssitze der Eroberer: mykenische Kultur.

Viele Staaten – ein Griechenland
Seit 2000 v. Chr. wanderten die Hellenen in Griechenland ein. In der zerklüfteten, bergigen Landschaft entstand eine Vielzahl von kleinen Stadtstaaten (▶ Poleis). In vielen Poleis reichte das Land nicht aus, um die Menschen zu ernähren. Ganze Bevölkerungsgruppen mussten deshalb zwischen 750 und 550 v. Chr. auswandern und gründeten Kolonien. Seit dieser Zeit gab es griechische Städte um das Schwarze Meer und das Mittelmeer. Alle Griechen verbanden die gemeinsame Sprache und der Glaube an die gleichen Götter. Zu Ehren der Götter wurden ▶ Olympische Spiele veranstaltet.

Die Blütezeit Athens
Nach Auseinandersetzungen zwischen dem Adel und den übrigen Bevölkerungsgruppen entwickelte sich in Athen im 5. Jahrhundert v. Chr. eine ▶ Demokratie. Alle männlichen Bürger Athens hatten das Recht, an der ▶ Volksversammlung teilzunehmen und ihre Angelegenheiten selbst zu regeln. Sie konnten Gesetze beschließen, Beamte wählen und über Krieg und Frieden entscheiden.
Durch die Siege gegen die Perser und die Vorherrschaft im Attischen Seebund wurde Athen zum bedeutendsten Stadtstaat Griechenlands. Auf allen Gebieten der Kunst und der Wissenschaft wurde es zum Vorbild für seine Nachbarn.

Die hellenistische Welt
Durch den Krieg zwischen Athen und Sparta erschöpften sich die griechischen Staaten im Bruderkrieg. Im 4. Jahrhundert v. Chr. gelang es Philipp, dem König der Makedonen, Griechenland zu unterwerfen. Sein Sohn und Nachfolger Alexander eroberte das Perserreich. Die griechische Sprache, Kultur und Lebensweise waren im Weltreich und auch nach dem Zerfall dieses Reiches bestimmend. Deshalb wird die Zeit von 300 v. Chr. bis zur Zeitenwende ▶ Hellenismus genannt.

2000–1200 v. Chr.

Frühe Hochkulturen auf der Insel Kreta (minoische) und auf dem Festland (mykenische Kultur)

750–550 v. Chr.

Gründung griechischer Kolonien am Mittelmeer und am Schwarzen Meer

5. Jahrhundert v. Chr.

Entstehung der Demokratie in Athen. Die Stadt wird zur Führungsmacht in Griechenland.

356–30 v. Chr.

Philipp von Makedonien unterwirft Griechenland. Sein Sohn gründet ein Weltreich. Entstehung des Hellenismus.

Altsteinzeit

Jungsteinzeit

4 Millionen — 10 000 v. Chr. — 5000 v. Chr.

vor ca. 4,8 Mio. Jahren	Erste Menschen
vor ca. 60 0000 Jahren	Ältester Menschenfund in Deutschland
vor ca. 350 000 Jahren	Frühmenschen in Bilzingsleben
vor ca. 35 000 Jahren	Cromagnon-Mensch

In der gesamten Altsteinzeit lebten die Menschen als Jäger und Sammler

10 000 v. Chr.	Erster Getreideanbau und erste Viehzucht im Vorderen Orient
7000 v. Chr.	Erste stadtähnliche Siedlung in Jericho
5500 v. Chr.	Erste Bauern als Bandkeramiker in Mitteleuropa

Metallzeit

Altertum

000 v. Chr. 1000 v. Chr. 500 v. Chr.

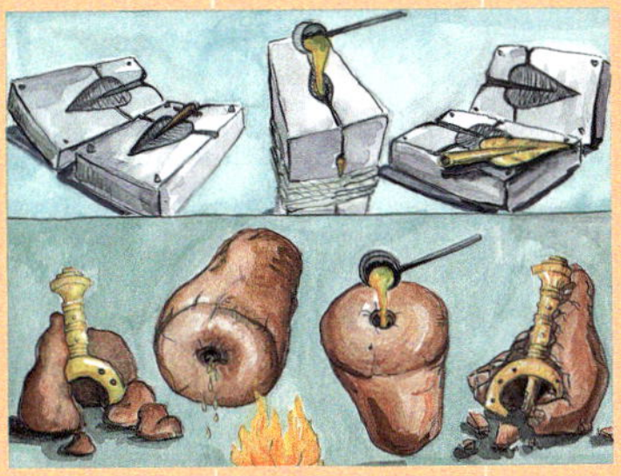

Bronzezeit/Eisenzeit

um 3000 v. Chr.	Erste Bronzeverarbeitung im Vorderen Orient
um 2000 v. Chr.	Ausdehnung der Bronzetechnik bis Mitteleuropa
um 1300 v. Chr.	Erste Eisenverarbeitung in Kleinasien
um 500 v. Chr.	Jüngere Eisenzeit in ganz Deutschland

Ägypten

3000 v. Chr.	Staatsgründung in Ägypten
1900 v. Chr.	Ägypten wird Großmacht
1000 v. Chr.	Ägyptens Großreich zerfällt
30 v. Chr.	Ägypten wird römische Provinz

Griechenland

750–550 v. Chr.	Griechische Kolonisation
700 v. Chr.	Beginn der Eisenzeit in Deutschland
5. Jh. v. Chr.	Entstehung der Demokratie in Athen
490 v. Chr.	Sieg der Athener bei Marathon
477 v. Chr.	Gründung des Attischen Seebundes

Gewusst wie ...

Eine Zeitleiste herstellen

Zeitabschnitte aus der Vergangenheit könnt ihr in einer Zeitleiste darstellen. So könnt ihr veranschaulichen, was früher, später oder auch gleichzeitig stattgefunden hat.

... und so wird's gemacht:

1. Bildmaterial sammeln und ordnen
Tragt Bilder, Fotos und Gegenstände zusammen und beschafft euch Informationen dazu. In Geschichtsbüchern, Lexika oder in alten Zeitungen könnt ihr euch informieren. Sortiert ähnliche Abbildungen aus. Macht Fotokopien von Bildern, die euch nicht gehören. Fotografiert Gegenstände, über die ihr nicht verfügen könnt. Notiert, aus welchem Jahr die Bilder oder Gegenstände stammen. Berechnet, wie viele Jahre seitdem vergangen sind.

2. Zeitleiste anlegen
Nehmt eine Tapetenbahn und zeichnet einen Zeitstrahl darauf. Überlegt, welchen Zeitraum ihr darstellen wollt. Schreibt das Jahr, das am weitesten zurückliegt, an die linke Seite des Zeitstrahls. Der Zeitpunkt, der unserer Zeit am nächsten ist, wird an die rechte Seite geschrieben. Unterteilt dann den Zeitstrahl in sinnvolle Abschnitte.

3. Zeitleiste gestalten
Legt euer Bildmaterial auf und probiert verschiedene Gestaltungsmöglichkeiten aus. Klebt die Abbildungen auf und beschriftet sie.

Textquellenarbeit

Schriftliche Überlieferungen werden Textquellen genannt, weil man aus ihnen Informationen über die Vergangenheit entnimmt, so wie man Wasser aus einer Quelle schöpft. Dabei kann es sich z. B. um Gesetzestexte, Briefe oder Inschriften handeln. Die Textquellen können auf Papier oder Stein, in Büchern oder an Gebäuden stehen. Um eine Textquelle genauer untersuchen zu können, sind folgende Fragen hilfreich:

1. Fragen zum Text
- Wovon berichtet der Text? (W-Fragen: Wer? Wo? Wann? Was? Wie? Warum?)
- Wie ist der Text untergliedert? Welcher Gesichtspunkt steht im Mittelpunkt?
- Wie kann man den Inhalt kurz zusammenfassen?
- Welche Widersprüche, Übertreibungen oder Einseitigkeiten enthält der Text?

2. Fragen zum Verfasser (Autor)
- Welche Informationen besitzen wir über den Verfasser?
- Kannte der Schreiber die Ereignisse, über die er berichtet, aus eigener Anschauung?
- Welche Absichten verfolgte der Verfasser mit seinem Text?
- Versucht der Autor möglichst neutral zu sein oder ergreift er Partei für bestimmte Personen?

Mündliche Quellen

Informationen kann man nicht zu allen Fragen aus Büchern beschaffen. Man kann Zeitzeugen- oder Expertenbefragungen durchführen. Das, was die Leute dabei erzählen, wird „mündliche Quelle" genannt. Aber auch viele Materialien im Buch sind als mündliche Quellen aufgezeichnet worden.

... und so wird's gemacht:

1. Fragen stellen
Geht vor wie bei einer Zeitzeugen- oder Expertenbefragung.

2. Informationen entnehmen
Fragt nach, wenn euch etwas unklar bleibt. Formuliert nachher die Antworten auf eure Fragen kurz mit eigenen Worten.

3. Informationen vergleichen und überprüfen
Wenn man Leute zu Dingen befragt, die sie selbst erlebt haben, wollen sie sich so gut wie möglich darstellen: Manch einer ist ein Angeber, ein anderer ist allzu bescheiden. Die Wahrheit könnt ihr meist nur schwer überprüfen. Manchmal hilft es, mündliche Quellen zu vergleichen. Manchmal gibt es schriftliche Quellen oder Abbildungen, die den Erinnerungen widersprechen. Wichtig: Zeigt der befragten Person möglichst nicht, dass ihr ihre Erzählungen prüfen wollt, sondern bewertet sie erst nachher alleine.

... arbeiten mit Methode

Schaubild

Schaubilder stellen komplizierte Zusammenhänge vereinfacht dar.

... und so wird's gemacht:

1. Was ist dargestellt?
a) Inhalt feststellen (Um was geht es?)
b) Symbole entschlüsseln (Bedeutung von Farben, Form der Elemente, Pfeile ...)

2. Wie ist die Darstellung aufgebaut?
a) Aufbau und Ablauf erkunden (Wo ist der „Einstieg", läuft alles in eine Richtung? Gibt es Verzweigungen, soll ein Kreislauf angedeutet werden?)
b) Zusammenhänge herstellen (Wo sind z. B. Ursachen, wo ergeben sich Folgen?)

3. Auswertung
a) Gesamtaussage erkennen (Wie könnte man die Aussage des Schaubildes mit wenigen Worten wiedergeben?)
b) Kritisch überprüfen (Was fehlt, was wird zu einfach dargestellt oder übertrieben ...?)

Statistiken und Diagramme

Die bei Umfragen erhobenen Daten sollten ausgewertet und grafisch aufbereitet werden. Wenn ihr die dafür notwendigen Schritte einmal selber gemacht habt, fällt euch die Deutung und Beurteilung fremder Statistik viel leichter.

... und so wird's gemacht:

1. Fragebögen auswerten
Strichlisten zu den einzelnen Antworten anlegen, Teilergebnisse zusammenfassen, eine Tabelle mit dem Gesamtergebnis aufstellen – das sind die notwendigen Vorarbeiten für eine grafische Aufbereitung von erhobenen Daten.

2. Diagrammart wählen
Diagramme sollen übersichtlich und aussagekräftig sein. Der ausgewählte Typ muss zum Inhalt passen.

3. Diagramme anlegen
Hierfür ist es manchmal günstig, die absoluten Zahlenwerte in Prozente umzurechnen.

4. Interpretation
Hierzu werden die Grafiken „gelesen" und in Worte übersetzt.

5. Kritik
Ihr werdet schnell feststellen, dass man durch die Art der Darstellung Dinge übertreiben oder abschwächen kann. Da hilft bei fremden Statistiken nur ein kritischer Blick auf die zugrunde liegenden Zahlenwerte. Eine seriöse Statistik muss nämlich nachvollziehbar und damit überprüfbar sein.

Geschichtskarten

Im Geschichtsunterricht arbeitet ihr mit Geschichtskarten. Sie stellen ein Thema aus der Geschichte dar. Das kann eine bestimmte Situation sein. Es kann auch die Entwicklung über einen längeren Zeitraum hinweg sein. Bei der Arbeit mit Geschichtskarten helfen folgende Arbeitsschritte weiter:

1. Thema und Zeitraum bestimmen
Antwort gibt meist der Titel der Karte. Er ist in diesem Buch über den Karten abgedruckt. Wenn der Zeitraum im Titel nicht zu erkennen ist, muss man einen Blick in die Legende werfen oder auf der Karte eingetragene Jahreszahlen sammeln.

2. Das dargestellte Gebiet bestimmen
Sicher könnt ihr nur sein, wenn ihr euch am Kartenbild orientiert habt. In diesem Buch hilft euch oft der kleine Kartenausschnitt.

3. Farben und Zeichen erklären
Fast jede Karte hat eine Zeichenerklärung, die so genannte Legende. Dort findet ihr die Erklärungen, die nicht in der Karte stehen.

4. Aussagen der Karte zusammenfassen
Wenn ihr Schwierigkeiten habt, versucht ihr am besten zu der Karte eine kurze Geschichte zu erzählen. Was passierte in welcher Reihenfolge?

Begriffe - Namen - Daten

Auf den Spuren der frühen Menschen

Ackerbau und Viehzucht: In der Jungsteinzeit, ca. 10 000 v. Chr., begannen die Menschen aus Wildgetreide ertragreiche Getreidesorten zu züchten und Schafe, Ziegen, Schweine und Rinder zu zähmen. Da sie ihre Nahrung nicht mehr suchen bzw. jagen brauchten, wurden sie sesshaft.
Archäologie: Wissenschaft, die mithilfe von Ausgrabungen und Bodenfunden alte Kulturen erforscht. Vieles wird dabei zufällig entdeckt, z. B. beim Straßenbau, und sorgsam ausgegraben. Die Funde werden datiert, nur mehr bruchstückhaft Vorhandenes rekonstruiert.
Faustkeil: Wichtigstes Werkzeug der Altsteinzeit; aus Feuerstein bearbeiteter Stein in handlicher Form mit einer scharfen Spitze.
Steinzeit: Vor etwa einer Million Jahren lebten die Menschen in Mitteleuropa ausschließlich als Jäger und Sammler. Sie zogen auf der Suche nach Nahrung in familienähnlichen Lebensgemeinschaften von etwa 20 bis 30 Personen umher (Horden). Weil sie ihre Geräte und Werkzeuge (z. B Faustkeile) hauptsächlich aus Steinen herstellten, wird dieser Zeitabschnitt der Menschheitsgeschichte als Steinzeit bezeichnet.
Jungsteinzeit: In dieser Zeit (10 000 bis 3000 v. Chr.) gingen die Menschen zum Ackerbau und zur Viehzucht über. Sie wurden sesshaft, bauten Häuser und lebten in Siedlungen.
Bronzezeit (um 2000–800 v. Chr.): Die Verarbeitung von Bronze für Werkzeuge, Waffen und Schmuck setzte sich durch.
Eisenzeit (ab 800 v. Chr.): Waffen, Küchengeräte und Werkzeuge wurden aus Eisen hergestellt.
Höhlenmalerei: Die frühen Menschen malten vor allem Jagdmotive an Höhlenwände. Wissenschaftler vermuten, dass die Menschen aus religiösen Gründen malten.
Arbeitsteilung: Wenn ein Mensch mehr produzieren kann, als er selber für seine Ernährung braucht, kann es zur Arbeitsteilung kommen; die einen arbeiten z. B. in der Landwirtschaft, die anderen spezialisieren sich im Handel oder im Handwerk. Mit der Arbeitsteilung und der Möglichkeit, Besitz anzuhäufen, kam es zu einer immer stärkeren Gliederung der Bevölkerung in verschiedene Gruppen.

Ägypten – Beispiel einer Hochkultur

Ägyptisches Reich: Menschen zogen etwa bis 3000 v. Chr. ins Niltal und wurden hier sesshaft. Sie lebten in Dörfern und Siedlungen. Durch den Zusammenschluss vieler Dörfer bildeten sich „Verwaltungsbezirke", die sich allmählich zu Herrschaftsgebieten entwickelten. Aus ihnen entstand um 3200 v. Chr. das Ägyptische Reich, das in Altes, Mittleres und Neues Reich unterteilt wird. Ab etwa 1100 v. Chr. zerfiel das Reich und wurde schließlich 30 v. Chr. römische Provinz.
Hochkultur: Bezeichnung für Kulturen, die im Vergleich mit so genannten primitiven Kulturen eine höhere Entwicklung in der Naturbeherrschung, des politischen und sozialen Systems, des geistigen Lebens und in den künstlerischen Ausdrucksformen aufweisen. Frühe Hochkulturen gab es u. a. in Ägypten, zwischen Euphrat und Tigris (Mesopotamien), auf Kreta, am Indus und in China am Hwangho sowie in Süd- und Mittelamerika.
Pharao: Titel der ägyptischen Könige. Der Begriff bedeutet „großes Haus", das heißt Palast. Einer der bedeutendsten Pharaonen war Ramses II. (13. Jahrhundert v. Chr.).
Pyramiden: Gräber der Pharaonen. Die größte Pyramide ist die Cheops-Pyramide (ca. 2520 v. Chr.). Im Mittleren Reich ließen die Pharaonen ihre Gräber im „Tal der Könige" in Felsen einhauen.
Vielgötterglaube: Glaube an eine Vielzahl von Göttinnen und Göttern, die für einen bestimmten Lebensbereich zuständig waren. Wie die Ägypter glaubten auch die Griechen und Römer an mehrere Götter.
Kalender: Einteilung großer Zeitabschnitte nach dem Lauf der Gestirne Sonne und Mond. Christen, Juden und Muslime verwenden jeweils ihre eigene Zeitrechnung.
Hieroglyphen: Ägyptische Bilderschrift, die seit 3200 v. Chr. entwickelt wurde. Die Griechen bezeichneten die Schrift, die sie auf Tempeln und Götterstatuen fanden, als „heilige Einkerbungen". Dem französischen Ägyptologen Champollion gelang es 1822, ihre Bedeutung zu entziffern.

Griechenland – Wurzel der europäischen Kultur

Polis (Plural: Poleis; griech. = Burg, Stadt): Bezeichnung für den

Begriffe – Namen – Daten

politisch selbstständigen und wirtschaftlich unabhängigen griechischen Stadtstaat; von ihm abgeleitet wird der Begriff „Politik", die Angelegenheiten, die alle Bürger angehen. Ein Stadtstaat umfasste auch das Gebiet, das um die Stadt herum lag. Ab etwa 800 v. Chr. wurden diese Stadtstaaten gegründet, deren bedeutendste Sparta und Athen waren.
Tochterstädte:
Viele Stadtstaaten litten unter Überbevölkerung und Hungersnöten. Deshalb wanderten seit 750 v. Chr. viele Griechen aus. Sie besiedelten die Küsten des Mittel- und des Schwarzen Meeres und gründeten dort Tochterstädte (Kolonien).
Theater: Neben den Tempeln zählten die Theater zu den bedeutendsten Bauten der Griechen. Die griechischen Theater bestanden aus einem kreisrunden Tanzplatz (Orchestra), dem bogenförmigen Zuschauerraum und den Bühnenbauten (Skene).
Olympische Spiele: Die ersten Olympischen Spiele fanden 776 v. Chr. statt. Teilnehmen konnten nur freie griechische Bürger; Frauen und Nichtgriechen waren nicht zugelassen. Während der Spiele durften in ganz Griechenland keine Kriege geführt werden. Da die Spiele als Gottesdienst galten, standen am Anfang Opfer und Gebet, erst dann begannen die Wettkämpfe. Für die Griechen waren diese Spiele so wichtig, dass sie ihre Zeit nach Olympiaden rechneten.
Monarchie: Herrschaft eines Einzelnen (des Königs).
Aristokratie: Herrschaft einer privilegierten Schicht (des Adels).
Demokratie: Herrschaft des Volkes. Der Wille des Volkes drückte sich in den Abstimmungen der Volksversammlungen aus.
Volksversammlung: In den demokratischen griechischen Stadtstaaten war die Versammlung aller Vollbürger die entscheidende politische Instanz. In Athen wählte sie nach der Verfassung Solons die Beamten, seit der Reform des Kleisthenes 507 v. Chr. übte die Volksversammlung sebst die höchste Staatsgewalt aus. Bei ihr lag die Entscheidung in allen wichtigen Fragen. Die Beamten hatten die Beschlüsse der Volksversammlung auszuführen. Um allen Bürgern die Teilnahme an der Volksversammlung zu ermöglichen, wurde seit etwa 440 v. Chr. jedem Teilnehmer an der Versammlung eine bescheidene Vergütung gezahlt (Diäten).
Perikles: Bedeutendster Staatsmann Athens; vollendete durch zahlreiche Reformen die Demokratie in Athen und baute ein attisches Seereich auf.
Alexander der Große: Geschwächt vom Bruderkrieg zwischen Sparta und Athen, geriet Griechenland unter die Herrschaft des makedonischen Königs Philipp II. Dessen Sohn Alexander schuf zwischen 334 und 323 v. Chr. ein Weltreich, das bis an den Indus reichte.
Hellenismus: Ausbreitung griechischer Lebensweisen im Zeitraum von 323 bis 30 v. Chr.

Register / Verzeichnis der Worterklärungen*

Register / Verzeichnis der Worterklärungen*

Textquellenverzeichnis / Bildquellenverzeichnis

Auf den Spuren der frühen Menschen

S. 24: (M1) Bild der Wissenschaft, 10. 12. 1998 – **S. 32:** (M1) Friedrich Behn: Vorgeschichtliche Welt. Cotta Verlag, Stuttgart 1962, S. 11 – **S. 33:** (M2) Zit. nach: Unsere Welt, Bd. 1, S. 27 – **S. 43:** (M1) Gerhard Ilgenstein: Die Steinzeitmenschen von Australien. RG Fischer Verlag, Frankfurt am Main 1993, S. 46; (M2) Peter Münch: Das Elend des verlorenen Stolzes. In: Süddeutsche Zeitung, 13. 5. 1996, S. 3

Ägypten – Beispiel einer Hochkultur

S. 59: (M1) Michael Rostovzeff: Geschichte der Alten Welt, Bd. 1: Der Orient und Griechenland. München 1963, S. 203 f. (gekürzt) – **S. 60:** (Q1) A. Erman: Die Literatur der Ägypter. Leipzig 1923, S. 250 – **S. 61:** (Q2) Manfred Gutgesell: Arbeiter und Pharaonen. Gerstenberg Verlag, Hildesheim 1989, S. 73 f. (gekürzt) – **S. 62:** (M) Adelheid Schlott: Schrift und Schreiber im Alten Ägypten. Beck Verlag, München 1989, S. 52 ff. – **S. 64:** (Q) Gay Robbins: Frauenleben im Alten Ägypten. München 1996, S. 70 (Übers.: P. W. Pestmann) – **S. 69:** (Q1) Herodot: Historien II.; übers. nach J. Feix. München 1977, S. 309 ff.; (M1) Walter Wolf: Kulturgeschichte des Alten Ägypten. Stuttgart, 2. Aufl. 1977, S. 111 – **S. 75:** (Q) Hammurabi. Aus: W. Eilers: Die Gesetzesstele Chammurabis. In: Der Alte Orient, Bd. 31; J. C. Hinrichs Verlag, Leipzig 1932

Griechenland – Wurzel der europäischen Kultur

S. 86: (Q) Thukydides: Der Peleponnesische Krieg 2,15. Zit. nach: Erinnern und Urteilen, Bd. 6. Stuttgart, S. 55 – **S. 88:** (M) Nach: Curriculum Geschichte: Altertum, Bd. 1, S. 64 – 68; (Q) Nach: Xenophon: Über die Zeit. Zit. nach: Erinnern und Urteilen, Bd. 6. Stuttgart, S. 59 – **S. 91:** (Q1) Isokrates. Zit. Nach: Drees: Olympia. Stuttgart 1967, S. 68; (Q2) Xenophon: Über die Natur. Zit. nach: Erinnern und Urrteilen, Bd. 6. Stuttgart, S. 59 – **S. 93:** (Q) Konrad Ziegler: Plutarch. München/Zürich 1954, S. 146 ff. – **S. 94:** (Q1) Geschichte in Quellen, Bd. 1, S. 221 (bearbeitet) – **S. 95:** (Q 2) Ebenda – S. 101: (Q) Zit. nach: Kleinknecht/Krieger: Materialien für den Geschichtsunterricht, Bd. 2: Altertum. Frankfurt am Main 1978, S. 120 f. – **S. 103:** (Q) Nach: W. Capelle: Hippokrates. Fünf auserlesene Schriften. Zürich/Stuttgart 1955, S. 162 – **S. 104:** (Q 1) Geschichte in Quellen, Bd. 1, S. 221 (bearbeitet); (M) Zit. nach: William Tarn/G. T. Griffith: Die Kultur der hellenistischen Welt. Darmstadt 1966, S. 302 f. – **S. 105:** (Q 2) Ebenda – S. 107: (Q) Zit. nach: Kleinknecht/Krieger: Materialien, a. a. O., S. 168 – **S. 110:** (M1) Zit. nach: H.-G. Fink u. a.: Geschichte kennen und verstehen. Ludwig Auer, Donauwörth 1985, S. 93; (Q1) Briant: Alexander. Eroberer der Welt. Ravensburger Buchverlag, Ravensburg 1990, S. 46; (M2) Fischer-Fabian: Alexander. Der Traum vom Frieden der Völker. Lübbe Verlag, Bergisch-Gladbach 1994, S. 87 f. – **S. 111:** (Q2) Zit. nach: Geschichte kennen und verstehen, a. a. O., S. 97; (Q 3) W. Ax: Plutarch. 1933, S. 225 – **S. 113:** (Q) Geschichte in Quellen. Bd. 1, S. 367

Bildquellen

S. 6: Punktum Fotografie, Leipzig (Fond, Wdh. S. 4), Rainbird, London (o. l.), Koppermann, Christa, Gauting (o. r.), Asterix: Die Lorbeeren des Caesar. Les Editions Albert René Paris (u. l.), Archiv für Kunst und Geschichte, Berlin (u. r.)
S. 7: Archiv für Kunst und Geschichte, Berlin (o. r.), Glaser, Paul (u. l.), © Landesamt für Archäologie Sachsen, Dresden (u. r.)
S. 8: dpa, Frankfurt am Main (1), Bildarchiv Preußischer Kulturbesitz, Berlin (2), Zeit-Magazin, Nr. 53, 22. 12. 1998 (3)
S. 10/11: Weber-Kellermann, Ingeborg, Marburg (1), Ullstein Bilderdienst, Berlin (2), Süddeutscher Verlag Bilderdienst, München (3, 5), Puller, Rolf, Düsseldorf (4)
S. 13: Geitmann, M., Ranstadt
S. 14: British Library, London (1), Tessloff Verlag, Nürnberg (2), dpa, Frankfurt am Main (3)
S. 15: Archiv für Kunst und Geschichte, Berlin
S. 16: Bildarchiv Preußischer Kulturbesitz, Berlin (1, 2), Süddeutscher Verlag, München (3)
S. 17: Punctum Fotografie, Leipzig, Foto: Bertram Kober (4), Deutsches Historisches Museum, Berlin (5), © Landesamt für Archäologie Sachsen, Dresden (6), Bildarchiv Preußischer Kulturbesitz, Berlin (7)
S. 18: Geologisch-Paläologisches Institut der Universität Heidelberg (1), Albrecht, G., Tübingen (2)
S. 19: Geologisch-Paläologisches Institut der Universität Heidelberg (3), © Landesamt für Archäologie Sachsen, Dresden (4)
S. 20: Stadtarchiv Leipzig, Bildarchiv (BA 1982/14104) (1)
S. 21: Stadtarchiv Leipzig, Bildarchiv (BA 1977/1431) (2), Plath, Sylvia-Marita, Leipzig (3)
S. 22/23: Archiv für Kunst und Geschichte, Berlin (Wdh. S. 4)
S. 24/25: Teßmer, M., Hamburg
S. 26: Landesamt für Archäologie Sachsen-Anhalt, Landesmuseum für Vorgeschichte, Halle, Foto: Erika Hunold (2)
S. 30: Unterricht Geschichte. Themen – Materialien – Medien. Reihe A, Bd. 1: Ur- und Frühgeschichte. Aulis Verlag Deubner & Co., Köln 1995, S. 35 (2)
S. 31: Römisch-Gemanisches Nationalmuseum, Neuwied (4)
S. 33: Archiv für Kunst und Geschichte, Berlin (3, Wdh. S. 55), Wissenschaftliche Privatsammlung „Otto Hauser" Rudolf Drößler & Manuela Freyberg (4), © Landesamt für Archäologie Sachsen, Dresden (RS)
S. 34/35: Geschichte lernen, 70/1999, S. 62 f. (Zeichnungen: Karola Niehoff-Lücke) (1, 2)
S. 36: Verein zur Förderung des Archäologischen Landesmuseums Schleswig, Schloss Gottorf (1)
S. 40: Teßmer, M., Hamburg (1), © Landesamt für Archäologie Sachsen, Dresden (RS)
S. 41: Teßmer, M., Hamburg (3), Albrecht, E., Pfaffenhofen (4)

Bildquellenverzeichnis

S. 42: aus: Friedhelm Heitmann: Lernspiele Geschichte: Antike und Vorgeschichte. Verlag an der Ruhr, Mülheim an der Ruhr 1997, S. 11 (© Springer Verlag)
S. 43: Friedel, M., Steingau (1)
S. 44: Gerken, Bernd, Borken (1, 2)
S. 45: Potente, Dieter, Dülmen (4)
S. 46: © Landesamt für Archäologie Sachsen, Dresden (1)
S. 48: Landesmuseum für Vorgeschichte (1), © Landesamt für Archäologie Sachsen, Dresden (2, 3)
S. 49: © Landesamt für Archäologie Sachsen, Dresden (5, 6)
S. 50: © Landesamt für Archäologie Sachsen, Dresden (1, 2)
S. 51: © Landesamt für Archäologie Sachsen, Dresden (3)
S. 53: © Landesamt für Archäologie Sachsen, Dresden (1, 2)
S. 54: © Landesamt für Archäologie Sachsen, Dresden (3, 4, 6), Becker, Klaus, Frankfurt am Main (6)
S. 56/57: Laenderpress, Düsseldorf (Wdh. S. 5)
S. 58: Werner Forman Archive (1), Bildarchiv Preußischer Kulturbesitz, Berlin (2)
S. 59: Mauritius, Frankfurt am Main (3, Wdh. S. 79), Storck, M., Stuttgart (RS)
S. 61: Rainbird, London (3 Wdh. S. 79), Peter Harding Picture Library (4)
S. 62: Liepe, J., Berlin (1), Ny-Carlsberg-Glyptothek, Kopenhagen (2), British Museum (RS)
S. 63: Das alte Ägypten. Sehen – Staunen – Wissen. Gerstenberg Verlag, Hildesheim 1991, S. 20 f., 37 (3)
S. 66: Bildarchiv Preußischer Kulturbesitz, Berlin (1), British Museum (2, 3), Storck, M., Stuttgart (RS), Pelizaeus-Museum, Hildesheim (RS)
S. 67: Das alte Ägypten. Sehen – Staunen – Wissen. Gerstenberg Verlag, Hildesheim 1991, S. 20 f., 37 (4
S. 68: Seifert, Michael, Hannover (o.), Potente, Dierter, Dülmen (u.)
S. 70: Verlag Philipp von Zabern, Frankfurt am Main (1), Shedid, Abel, München (RS)
S. 72/73: Das alte Ägypten. Sehen – Staunen – Wissen. Gerstenberg Verlag, Hildesheim 1991, S. 20f., 37
S. 77: Caisse nationale de monuments Historiques, Paris (2)
S. 78: Museumspädagogisches Zentrum, München (1)
S. 80/81: Kandula, Architektur-Bilderservices, Witten (Wdh. S. 5)
S. 83: Museum Heraklion (3, Wdh. S. 117)
S. 84: Kunst und Geschichte in Griechenland. Hrsg. v. Casa Editrice Bonechi, Florenz 1998, S. 87
S. 85: Deutsches Archäologisches Institut (3), Kunstsammlung der Ruhr-Universität, Rekonstruktion von B. Andreae und S. Bertolin, Bochum (4)
S. 87: Tessloff Verlag, Nürnberg 1997, S. 28
S. 90: Wiesler, G., Freising (1, Wdh. S. 117), Friedhelm Heitmann: Lernbeispiele Geschichte: Antike und Vorgeschichte. Verlag an der Ruhr, Mülheim an der Ruhr 1997, S. 11 (© Springer Verlag), 19 ff. (RS)
S. 91: Henri Stierlin: Griechenland. Von Mykene zum Parthenon. Fotos: Anne und Henri Stierlin. Benedikt Taschen Verlag, Köln, 1997, S. 107 (2), Friedhelm Heitmann: Lernbeispiele Geschichte: Antike und Vorgeschichte. Verlag an der Ruhr, Mülheim an der Ruhr 1997, S. 11 (© Springer Verlag), 19 ff. (RS)
S. 92: Bildarchiv Preußischer Kulturbesitz, Berlin (1)
S. 93: British Library (a), Museum of fine arts, Boston (b), Staatliche Antikensammlung, München (c), Verlag Philipp von Zabern, Frankfurt am Main (d, f), British Museum (e)
S. 94: Bildarchiv Preußischer Kulturbesitz, Berlin (1)
S. 97: American School of Classical Studies, Athen (3), Bildarchiv Preußischer Kulturbesitz, Berlin (RS)
S. 99: Gouvousis, N., Athen (2)
S. 100: Photographie Giraudon, Paris (2)
S. 101: Archiv für Kunst und Geschichte, Berlin (3)
S. 102: Koppermann, Christa, Gauling (1), Bildarchiv Preußischer Kulturbesitz, Berlin (RS)
S. 104: Mauritius, Frankfurt am Main (1, 2), Bildarchiv Preußischer Kulturbesitz, Berlin (3)
S. 105: Bildarchiv Preußischer Kulturbesitz, Berlin (RS)
S. 106: Ashmolean Museum, Oxford (1)
S. 107: Ashmolean Museum, Oxford (2), Metropolitan Museum of Art (3)
S. 108: Bildarchiv Preußischer Kulturbesitz, Berlin (1, RS)
S. 109: Staatliche Münzsammlung, München (RS)
S. 113: Archiv für Kunst und Geschichte, Berlin

Umschlag: Liepe, Jürgen, Berlin

Zeichnungen, Karten und Grafiken:
Klaus Becker, Frankfurt am Main; Carlos Borrell, Berlin; Skip G. Langkafel, Berlin; Michael Teßmer, Hamburg

Nicht in allen Fällen war es uns möglich, die Rechteinhaber der Abbildungen ausfindig zu machen. Berechtigte Ansprüche werden selbstverständlich im Rahmen der üblichen Vereinbarungen abgegolten.